こども夜回りと
「ホームレス」の人たち

おっちゃん、なんで外で寝《ね》なあかんの？

生田武志・著／下平けーすけ・絵

もくじ

大阪市《おおさかし》の地図
塩野《しおの》さんと犬たちの
小屋があったところ
淀川区《よどがわく》
淀川《よどがわ》
西成区《にしなりく》
阿倍野区《あべのく》
長居公園《ながいこうえん》
坂本《さかもと》さんがテントを
作ったところ
「釜ヶ崎《かまがさき》」周辺《しゅうへん》
新今宮駅《しんいまみやえき》
あいりん
総合《そうごう》センター
釜ヶ崎《かまがさき》
西成公園《にしなりこうえん》
こどもの里《さと》
阿倍野《あべの》
区役所《くやくしょ》
山王《さんのう》こどもセンター
阿倍野区民《あべのくみん》
センター

はじめに

この本を手に取ったみなさんは、野宿をしている「ホームレス」の人を見たことがあるでしょうか？

夜、商店街《しょうてんがい》でダンボールハウスを作って寝《ね》ている人、

公園や川沿《かわぞ》いのテントでくらしている人、

駅や道に荷物を置《お》いて、行き場所もなくすわりこんだり寝《ね》たりしている人……。

ぼくは、二十六年ぐらい前から、大阪《おおさか》を中心に、このような野宿をしている「ホームレス」の人たちをたずねて話しをして、病院にいっしょに行ったり、しばらくくらせる施設《しせつ》に入ってもらったりという活動を続《つづ》けてきました。

真冬に毛布《もうふ》もふとんもなしで寝《ね》ている人がいるので、寝袋《ねぶくろ》を持っていってわたすこともあります。病気で弱っている人のため、その場で救急車《きゅうきゅうしゃ》をよぶこともあります。残念《ざんねん》ながら、道の上で亡《な》くなっている人を見つけることもあります。

そして、十年ぐらい前からは、こういう問題を多くの人に知ってもらうため、ぼくは、全国の小学校、中学校、高校、大学などで、野宿をしている人たちのことを伝《つた》える「野宿問題の授業《じゅぎょう》」をはじめました。ぼくが出会った人たちのこと、野宿をする人が増《ふ》える中で起《お》こっているいろいろな問題のこと、そしてぼくたちが行っている活動のことを話しています。

このような授業《じゅぎょう》をはじめたのは、子どもたちと野宿をしている人たちが出会って話す機会《きかい》がほとんどなかったからです。そして、そのために、子どもたちの中に「ホームレスはなまけ者だ」「あぶない人たちなんだ」という思いこみが多いことがわかったからです。

ぼくの授業《じゅぎょう》では、じっさいに野宿をしている「ホームレス」の人といっしょに学校に行くこともあります。教室でその人にいろいろな話をしてもらうと、子どもたちは、「やさしい人だった」「ふつうの親切なおじさんだった」とよく言います。そして、話をした野宿をしている人も、「話してよかった」「また行ってみたい」と言ってくれます。

障害《しょうがい》を持っている人、外国の人でも、話したことがないと「どういう人なんだろう」「こわい人じゃないか」とつい考えてしまうことがあります。でも、会って話していくと、そういう思いこみはずっと少なくなります。会って話してみれば、どんな人かがよくわかるからです。

ぼくは、こういう授業《じゅぎょう》をいままでに二〇〇回ぐらいしてきました。そして、こんどはそういう「子どもと野宿をしている人との出会い」を本という形で作ってみようと思いました。本があれば、いつでも手に取って読んでもらい、野宿をしている人たちの話を知ってもらうことができます。そして、本では、授業《じゅぎょう》よりもずっとくわしい話を書くことができるからです。

ぼくはこの本の中で、野宿をしている人たちのことを「野宿者」と書いています。みなさんは、まわりの人が「ホームレス」とよんでいるのを聞いたことがあるかもしれません。

でも、本当は「ホームレス」という言葉は「人」を表わすものではありません。

もともとの英語の「homeless《ホームレス》」は、「住むところがなくなって、シェルターや寮《りょう》、病院などで生活している状態《じょうたい》」のことを言います。だから、たとえば地震《じしん》や津波《つなみ》で家がなくなって、避難所《ひなんじょ》などでくらしている状態《じょうたい》のことも英語では「homeless《ホームレス》」と言います。

だから、野宿をしている人のことを「ホームレス」とよぶのは、「宿なし」「場所なし」とよぶようなかんじがします。「泊《と》まるところのない状態《じょうたい》にある人」「居場所《いばしょ》のない状態《じょうたい》にある人」とよぶのとは、全然《ぜんぜん》ちがいます。それは、人を人として見ていないかんじがするので、よばれた人は、きっととてもいやな気持ちがするのではないでしょうか。それで、ぼくは「ホームレス」とは言わずに「野宿をしている人」「野宿者」、あるいは、「『ホームレス』の人たち（ホームレスの状態《じょうたい》にある人たちという意味）」と言うことが多いのです。

この本に登場する人は、ぜんぶ本当にいる人たちです。そして、この本に書かれたできごとは（何日かのことを一日にまとめた以外《いがい》）すべて本当にあったことです。

いちばん最初《さいしょ》は、子どもたちが野宿をしている人たちのところをたずねて行く「こども夜回り」の話からです。みなさんには、夜回りをしている子どもたちと同じような気持ちで、野宿をしている人たちと、これから出会ってほしいと思います。

1　子どもの夜回り

「こんばんは、こども夜回りです。体の具合はどうですか」

　一月下旬《げじゅん》の土曜日の夜十一時、気温は二度、ガタガタふるえてしまうような寒い街《まち》の中、道で寝《ね》ている人たちに声をかけている子どもたちと大人がいます。ここは大阪市《おおさかし》の西成区《にしなりく》にある、「釜ケ崎《かまがさき》」とよばれる地区です。そこにある、子どもたちのすごせる児童館《じどうかん》「こどもの里《さと》」に来ている子どもたちが行っているのは「こども夜回り」の活動です。声をかけられているのは、野宿をしている「ホームレス」の人たちです。

　高い高架《こうか》を、ときどきゴーッと音をたてて電車が走っていきます。その横の人通りの少ない道で、小学校二年生から高校二年生までの子どもたち十人と、大人十一人のグループが声をかけていきます。毛布やカイロ、おにぎりをいっぱいのせたリヤカーを一人の大人が引いて歩いて、そのまわりをほかのみんなが歩いていきます。子どもたちは、寒い風がふきつづける中でも、とても元気。手袋《てぶくろ》も耳当てもせず、歩いています。

子どもたちは、建物《たてもの》のかべにくっつけて作られている、ダンボールを組みあわせた「ダンボールハウス」に近づくと、「こんばんは、こども夜回りです」と声をかけました。起きて顔を出してくれた人と話をして、体の具合など、こまったことはないかを聞いていくのです。

ダンボールハウスの横には、毛布《もうふ》をたった一枚《まい》かぶっただけで寝ている人もいます。子どもたちは三人一組で近づいていきました。寝《ね》ている人に声をかけるときは、しゃがんで、横になっている人と、なるべく同じ目の高さで話をします。子どもたちのうしろから、大人もいっしょに話を聞いています。

その場所では、あちこちで何人かの人たちが寝《ね》ているので、夜回りのグループは、別《わか》れて、次々に寝《ね》ている人に声をかけはじめました。寒さのために体が冷えきっているときには、あたたかいおみそ汁《しる》とおにぎりを取りに行ったり、体のことなどで相談があるときには、くわしく話ができる大人の人をよびにいったりしています。

こうして夜回りをはじめて三十分ほどたつと、道で寝《ね》ている人があまりいない、静《しず》かな場所まで来ました。ここからは、毛布《もうふ》などを積《つ》んだリヤカーを引っぱりながら、たくさんの人たちが野宿をしている別《べつ》の場所に移動《いどう》していきます。子どもたちは、いつものようにみんなでおしゃべりをしながら、人通りのない道をゆっくり歩いていきます。

「あいりん総合《そうごう》センター」という大きな建物《たてもの》が近づいてきます。そのまわりでは、今日も六十人近い人たちが、ダンボールを組みあわせて作ったダンボールハウスの中で、毛布《もうふ》にくるまって寝《ね》ていました。

子どもたちは「こんばんは、こども夜回りです」と声をかけます。声をかけられたおじさんは、もぞもぞと毛布《もうふ》から顔を出して「ああ、ご苦労《くろう》さん」と言いました。小学二年生のあかねちゃんが「体はだいじょうぶですか?」と聞くと、おじさんは「だいじょうぶだよ」と答えました。「おにぎりとおみそ汁《しる》はいりますか?」「ああ、ありがとう、お願《ねが》いします」。あかねちゃんは、おにぎりやおみそ汁《しる》をいっぱいのせてあるリヤカーのところに走って、おじさんに持っていく用意をはじめました。

毛布《もうふ》一枚《まい》で寝《ね》ていた、そのおじさんは、起《お》きてからとても寒そうにしています。あかねちゃんがおにぎりと紙コップに入れたおみそ汁《しる》を「はい、どうぞ。熱《あつ》いから気をつけてください」と言ってわたすと、おじさんは「ありがとう」と言って、おにぎりを食べはじめました。野宿をしている人たちは、少ないお金で生活しているので、ごはんを食べられないことが多いのです。夜回りでは、そういう人たちのために、おにぎりやおみそ汁《しる》を用意するのです。

あかねちゃんは大人のリーダーといっしょに、おじさんと話をしました。

「おじさんは、いままでどんな仕事をしてたんですか？」

「三十年前に四国《しこく》から大阪《おおさか》に来て、ずっと建築《けんちく》の仕事をしてたんだよ。コンクリートを建物《たてもの》に流しこんだり、天井《てんじょう》を張《は》る手伝いをしたり。その仕事でずっとやってきたけど、十年ぐらい前から仕事が減《へ》ってきて、いくら仕事をさがしても見つからなくなってね。五年前からは、部屋代がはらえなくなって、外で寝《ね》ているんだよ」

「いま、ごはんはどうして食べているんですか？」

「アルミ缶《かん》を集めてね。自転車で大阪中《おおさかじゅう》を走って集めて、売ると一〇〇〇個《こ》で八〇〇円ぐらいになる。一日十時間ぐらいかけて集めたら一〇〇〇円ぐらいになるから、それでごはんを買ったりしてるよ」

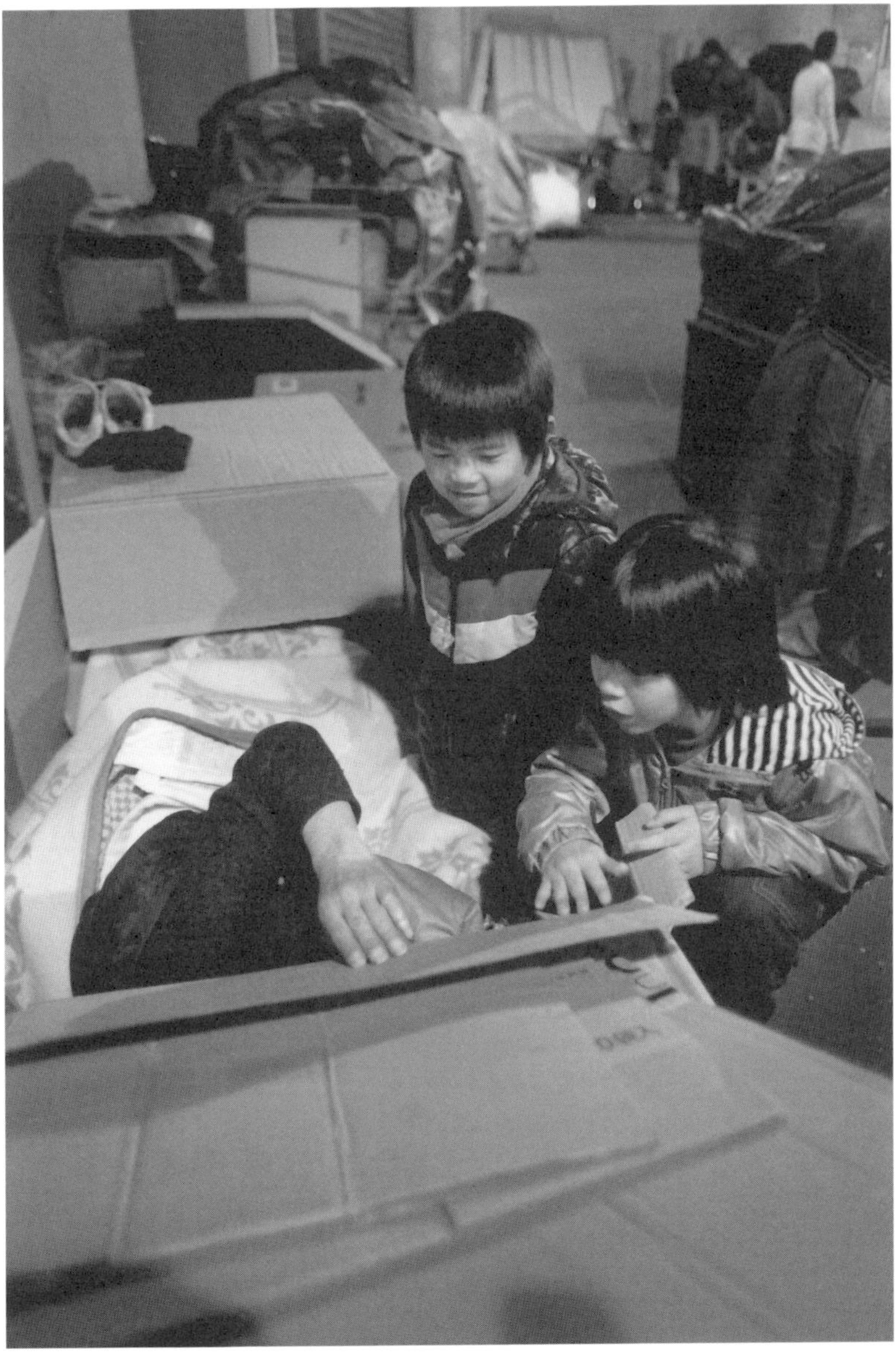

夜回りのようす

「一日ずうっと、仕事してるんですね」

ほかの子どもたちも、野宿をしている人たちに声をかけています。三年生のりゅうくんたちに声をかけられて、まつおさんというおじさんも、おにぎりとおみそ汁《しる》をもらって食べはじめました。まつおさんは、りゅうくんたちに「ダンボールハウスに入ってみるか?」と言いました。子どもたちは遠慮《えんりょ》をして入りませんでしたが、りゅうくんは、「いいですよ」と言って入ってみました。ダンボールハウスは、入ってみると紙が厚《あつ》いので、中は思ったよりもあたたかいことがわかりました。まつおさんは、りゅうくんがダンボールハウスに入っているのを見て、とてもうれしそうにしていました。りゅうくんは、何度かこの「こども夜回り」に来ています。以前《いぜん》の夜回りで、りゅうくんはまつおさんから「入ってみるか?」と言われたのですが、そのときは、野宿をしている人とあまり話したことがなくて、なんだかこわくて体がふるえてしまいました。でも、夜回りで何度もまつおさんと会って話をしたので、ダンボールハウスに入ってみようと思ったのです。りゅうくんとまつおさんはじゃんけんをして遊んで、最後《さいご》に「バイバイ」と言って別《わか》れました。そのあと、また子どもたちと会いたかったのか、夜回りの帰り道にまつおさんがやってきて、「ご苦労《くろう》さん」と言ってくれました。

男の人だけではなくて、女の人も何人か毛布《もうふ》にくるまって野宿をしています。子どもたちが女の人の一人に声をかけました。その女の人は、おみそ汁《しる》を飲みながらいろいろな質問《しつもん》に答えてくれました。「昔はどんな仕事をされていたんですか？」「貿易《ぼうえき》の仕事よー」「失礼《しつれい》ですが、おいくつですか？」すると、その人は「おばちゃん、年は言えないのよ」と、にっこり笑《わら》いました。口紅《くちべに》をきれいにぬっていましたが、野宿のために指はよごれて、そこに指輪《ゆびわ》をはめていました。その人は、「これをあげる」と子どもたちにクッキーをプレゼントしてくれました。子どもたちがやってくる日はいつも、子どもたちのためにおかしを手に入れてプレゼントしてくれるのです。

センターをぐるっと回って十分くらい歩いていくと、電車の通る高架《こうか》に沿《そ》った広い道があります。そこで、三年生のりんちゃんが女の人が寝《ね》ているのを見つけて声をかけました。でも、その人は耳がよく聞こえないようでした。大人のリーダーが話をしてみると、「年は八十に近いのよ」とその女の人が言いました。「七十と八十のちょうど間」。りんちゃんたちが「七十五歳《さい》？おばちゃん」「もっと若《わか》く見えるなあ」と言うと、その人は「えへへっ」と笑《わら》いました。女の人たちも、仕事がなくなったり、家にいられなくなったり、いろいろな理由で野宿をしているようでした。

線路に沿《そ》ってずっと歩いていくと、にぎやかな繁華街《はんかがい》が近くなってきました。真冬の夜でも、車も人もたくさん行き来しています。繁華街《はんかがい》の中には天王寺《てんのうじ》公園という大きな公園があります。そこで野宿をしている人たちに声をかけていくと、ベンチにすわっている、とても顔色が悪い若《わか》い男の人がいました。大人のリーダーが「もしかして、ここで寝《ね》るんですか?」と声をかけると、その人は「ここで野宿をはじめて一週間です」と言いました。「何歳《さい》ですか?」「二十四歳《さい》です」その人は、この一週間、ほとんど食事をしていないと言っていました。その人も「仕事をしたいけれども、いまは仕事が少ないです。それに住むところがないと、仕事がなかなか見つけられない」と苦しそうに言っていました。この人のように、いったん野宿をするようになって家がなくなってしまうと、「住所のない人」をやとってくれない会社が多いので、若《わか》い人でも、なかなか次の仕事を見つけることができないのです。

そのすぐ近くでは、七十歳《さい》をすぎたおじいさんが野宿をしていました。声をかけると、手も足もガタガタふるえて、話をすることもできません。すぐに、救急車《きゅうきゅうしゃ》をよぶことにしました。携帯電話《けいたいでんわ》で一一九番にかけて、「救急車《きゅうきゅうしゃ》をお願《ねが》いします」と連絡《れんらく》します。しばらくすると救急車《きゅうきゅうしゃ》がやってきて、みんなが、その人に出会ったようすを説明《せつめい》すると、その人は病院へ運ばれて行きました。

病気の人のために救急車《きゅうきゅうしゃ》をよんだり病院にいっしょに行ったりすることも、夜回りの役割《やくわり》のひとつです。野宿をしている人は、具合が悪くなっても、電話がないので救急車《きゅうきゅうしゃ》をよぶことができません。そのまま、道路や公園などで亡《な》くなってしまうこともあるのです。

お年よりで野宿をしている人はほかにもいます。天王寺《てんのうじ》駅という大きな駅に行くと、七十九歳《さい》の人、それから八十三歳《さい》の人が野宿をしていました。八十三歳《さい》のおじいさんは、昼間に若《わか》い人の乗った自転車にぶつけられて顔にけがをしていました。そこで、「明日は役所も病院も日曜日でしまっているので、月曜にここに相談に来てください」と「こどもの里《さと》」の地図をわたして、「いっしょにお話しして、けがや、これからの生活をどうしたらいいか考えましょう」と声をかけました。「こどもの里《さと》」に来てもらってから、病院にいっしょに行ったり、役所で申しこめる制度《せいど》があることを説明《せつめい》したりします。それは「生活保護《せいかつほご》」といって、このおじいさんのように生活にこまっている人には、生活費《せいかつひ》やアパートの家賃《やちん》などを国と市が出してくれるという制度《せいど》です。おじいさんが申しこみたいと思ったら、いっしょに役所に行って、申しこみの手助けをすることもできます。

中には、耳のまったく聞こえない人も野宿をしています。四年生のげんきくんが声をかけると、そのおじさんは耳が聞こえないという手ぶりをしました。げんきくんは手話ができるので、手話で「こんばんは」と話しかけると、その人も「こんばんは」と手話で返事をして、とてもよろこんでくれました。野宿をしている人の中には、障害《しょうがい》を持つ人がたくさんいます。体などに障害《しょうがい》があると、それだけでも仕事を見つけることがむずかしくなるからです。

夜回りでは、若者《わかもの》から襲《おそ》われているという話もあちこちで聞きます。天王寺《てんのうじ》公園から十分くらい暗い通りを歩くと、動物園の入り口前で寝《ね》ているおじさんがいて、「この間、中学生たちからガラスや豆電球を投げられた」と教えてくれました。別《べつ》のおじさんは「寝《ね》ているところにコーヒーをかけられたりダンボールをけられたりする」と言っていました。「寝《ね》ているところに自転車を投げつけられた」と言う人もいます。また、高校生の三人組から、何度も寝《ね》ているところにあき缶《かん》を投げつけられたり石を投げられているという人もいました。いつも男の子が自転車二台で、一台のうしろに女の子を乗せてやってくるそうです。小杉《こすぎ》さんというそのおじさんは、あんまり腹《はら》が立ったので追いかけて、信号のところで三人が止まったのをつかまえました。そして、「こういうことをしていると君たちも警察《けいさつ》につかまるかもしれない。君たちにはお父さんもお母さんもいるだろう。そんなことで新聞にのったりしてはいけない」と話しました。高校生たちは「わかりました」と言って、それからは襲《おそ》いに来なくなったそうです。

こうして、石を投げたり、火をつけたり、なぐったりして襲《おそ》うことを「襲撃《しゅうげき》」と言います（むずかしい言葉ですが、おぼえておいてください）。住むところを失《うしな》って野宿をしなければならない人に暴力《ぼうりょく》をふるうなんて、みなさんには信《しん》じられないかもしれません。けれども、本当にとても多くの人が、若《わか》い人たちに襲撃《しゅうげき》されています。

夜回りでは、子どもたちが野宿をしている人たちに「今日一日でうれしかったことは何ですか」とよく聞いています。一人のおじさんは、高校二年生のゆうやくんに「みんなのように話しかけてくれたのが、とてもうれしかった」と答えてくれました。別《べつ》のおじさんは、五年生のもえちゃんに「いまが今日一日の中でいちばんうれしい」と言ってくれました。野宿をしていると、歩いている人からいやそうな目で見られたり、「ああいう人と話しちゃいけませんよ」とお父さん、お母さんらしい人が自分の子どもに言っているのが聞こえたりすることもあります。自分のことを大事にしてもらえないことが多いとき、子どもたちが心配して来てくれて、いろいろな話ができたことがうれしかったのだと思います。

四年生のみゆちゃん、中学三年生のももかちゃん、高校二年生のえりかちゃんも、三人でおじさんに声をかけて、おにぎりとおみそ汁《しる》をわたして話をはじめました。そのおじさんは子どもが好《す》きな人で、みゆちゃんがおにぎりを持ってくると、「小さい子もがんばってるんだねえ」とうれしそうに言いました。おじさんは三人に、昔していた建築《けんちく》や土木の仕事のことを楽しそうにいろいろ話してくれました。でも、その人もいくら仕事をさがしても見つからなくなって、一年以上《いじょう》ずっと野宿を続《つづ》けていると言いました。三人はそのおじさんの話をじっと聞いていました。いろいろな話をしてくれたあと、おじさんは、「外で寝《ね》るようになったから、生活が苦しい」と言って、自分の寝《ね》ているふとんをにぎりしめながら、うつむいて泣《な》きはじめました。三人は、その間ずっと、おじさんの前にすわっていました。そして、おじさんはみゆちゃんの手をにぎって「ありがとう、おっちゃんもがんばるな」と涙《なみだ》を流しながら言いました。三人は、「さようなら」「また来ます」と言って別《わか》れました。

この日の夜回りが終わって、みんなが「こどもの里《さと》」に帰ったのは夜中の一時です。夜回りに参加《さんか》した子どもの数は、小学生から高校生まで三十二人。大人は四十一人。五つのグループに分かれて、担当《たんとう》する地区を回りました。夜回りで会った、野宿をしていた人の数は全部で二百八十五人です。このほかにも、「こどもの里《さと》」の近くの、野宿をしている人が夜の間だけ泊《と》まれる「シェルター」という建物《たてもの》の中で、四百人ほどが簡単《かんたん》な二段《にだん》ベッドで寝《ね》ています。毛布《もうふ》が何枚《なんまい》かあるだけで、暖房《だんぼう》もないのですが、「何もなし」で道で寝《ね》るよりはいいので、ここに大勢《おおぜい》の人が泊《と》まっています。だから、夜回りした場所には、「シェルター」で寝《ね》ている人も入れると、全部で七百人近い人が野宿をしていることになります。七百人というと、小学校のクラスが二十個《こ》分ぐらいの人数ですが、それほどたくさんの人たちが、こんな寒い中で野宿をしているのです。

子どもたちは、夜回りで出会った人のことや、そこで話をしてみて感じたことを感想文に書いて、みんなにそれを読んで報告《ほうこく》しました。四年生のようこちゃんは、感想文にこう書きました。

感想文を発表するようす

「私《わたし》は日本橋《にっぽんばし》へ行きました。何回も日本《にっぽん》橋《ばし》へ行っているので、おっちゃんの名前、かお、ねている所などを、どんどん分かってきました。日本橋《にっぽんばし》では、ねているおっちゃんが、ほとんどやさしいです。あるおっちゃんは、かたをたたいて『ありがとう』といってくれました。私《わたし》は、とってもうれしくなって、おじさんに、『おやすみなさい』と言いました。ガード下でねていたおっちゃんは、わきのほねにひびが入っているおっちゃんがいて、ずっとせいざをして、すわっていました。私《わたし》は、足がしびれないのかなーと思った。そして、さむくないのかなーと思った。そのおじさんは、ねると、いたくて、立ってもいたいのでしごとは、できない。だから、おじさんは、となりのおじさんにせわになっているようだった。おにぎりと、みそしるをくばっていたら、みそしるもおにぎりもなくなった。仕方なく、私《わたし》たちは、おじさんに、もらったピーナツを、おにぎりのかわりにあげた。そして、私《わたし》が思ったことは、どうして、みんな同じ人間なのに、おじさんたちだけ、外でねなあかんのやろうと思う。私《わたし》たちは、家の中で、ぐっすりねむれるけど、外でねてるおじさんだったら、でんしゃや、くるまの音で、ぐっすりねていても、目を覚《さ》ましてしまうと思った。」

三年生のりゅうくんは、感想文にこう書いて発表しました。

「今日、日本橋《にっぽんばし》に行きました。おっちゃんの名前は、山本《やまもと》さんと言いました。『昔の仕事はなんですか?』と聞いたら、どかたをやっていたそうです。『今日たのしかったことがありましたか』ときいたら、『きみたちがきたこと』といっていました。おにぎりをわたしたとき、『ありがとう』ってなみだをながしていっていました。」

こどもたちは、ほかの子や大人の人たちが、夜回りで出会った人のことや、そこで感じたことを発表するのを聞きながら、自分が回った場所以外《いがい》の野宿をしている人たちのようすや、ほかの人たちがどう感じていたかを知っていきます。

ぼくはこう書きました。

「今日はすごく寒くて、ガタガタ震《ふる》えながら夜回りをしました。毎週、『野宿者ネットワーク』の土曜日の夜回りをしていますが、大人が話しかけるのと、子どもが話しかけるのでは、野宿をしている人のようすが全然《ぜんぜん》ちがいます。ぼくらが声をかけても『はい、はい、ご苦労《くろう》さん』で終わってしまうのに、子どもが声をかけると、ニコニコして何十分もいろいろ話してくれる人が何人もいました。

子どもたちがとても元気です。小二のあかねっちが野宿をしている人の前で『逆立《さかだ》ちできるから見ててやー』と言って何度も逆立《さかだ》ちをやりはじめて笑《わら》ってしまいました。

この間の『野宿者ネットワーク』の夜回りでは、四天王寺《してんのうじ》で石を投げられテントを壊《こわ》され、逃《に》げて日本橋《にっぽんばし》に来たという人がいました。中高生ぐらいの三人組だったようです。今月にも襲撃《しゅうげき》が毎週何日もあって、いま四天王寺《してんのうじ》で野宿している人はまったくいないということでした。寒さなどでみんな大変ですが、なんとか冬を越《こ》してほしいと思います」。

あかねちゃんやみゆちゃんたちといっしょに、ぼくもこども夜回りをしていたのです。

2 なぜ子どもが夜回りをするの？

みなさんは、自分たちと同じくらいの年の子どもたちが、野宿をしている人たちを支《ささ》える活動をしていることに、おどろいたかもしれません。この、こどもの里《さと》の「こども夜回り」とは、どのような活動なのでしょうか。

こどもの里《さと》の「こども夜回り」がはじまったのは一九八六年。二十六年もの間、毎年一月から二月終わりのいちばん寒い時期に、毎週夜回りをしています。寒い冬は、野宿をしている人たちにとって、生活するのに最《もっと》もきびしい季節《きせつ》で、道路や公園などで亡《な》くなる人がとても多くなるからです。

いまから三十年近く前の一九八二年から八三年の冬、横浜市《よこはまし》で、十四歳《さい》から十六歳《さい》の少年十人が野宿者を次々に襲《おそ》い、三人が殺《ころ》され、十数人がけがをさせられるという事件《じけん》が起《お》こりました。逮捕《たいほ》されたのは、ふだんは「やさしい子」「めだたない子」と言われていた少年たちでした。少年たちは逮捕《たいほ》されたとき、「ゴミを始末《しまつ》しただけ」「こんなことで逮捕《たいほ》されるの？」「骨《ほね》が折《お》れるとき、ボキッと音がした。それを聞くとスカッとした」「やつらは抵抗《ていこう》しないから、ケンカの訓練《くんれん》にもってこいだった」「抵抗《ていこう》するのがいたら、それはそれでおもしろかった」と話し、多くの人が「子どもたちが野宿をしている人たちにこんな残酷《ざんこく》なことをするなんて」とショックを受けました。

「こどもの里《さと》」の館長の荘保共子《しょうほともこ》さんも、このことを聞いてとてもおどろきました。「こどもの里《さと》」は、大阪市《おおさかし》にある「釜ケ崎《かまがさき》」とよばれている場所の中にある児童館《じどうかん》で、毎日、八十人ぐらいの子どもたちが来ていました。ここに来る子どもたちは生活が苦しい家庭に育っていることも多く、「こどもの里《さと》」は、そういう子どもたちが安心して遊んだり、ごはんを食べたり、勉強したりできるようにと活動をはじめました。そして、借金《しゃっきん》や家庭での暴力《ぼうりょく》から逃《に》げてきた子どもや親が避難《ひなん》できる場所にもなりました。

「こどもの里《さと》」のまわりには、野宿をしている人たちがたくさんいます。そこで、「こどもの里《さと》」の近くに住む子どもたちに、野宿者についてどう思っているかというアンケートをしてみました。すると、子どもたちの半分近くが「くさい」「きたない」と答え、中には口ケット花火を飛《と》ばしてからかう子もいたことがわかりました。いつも会っている子どもたちが、野宿をしている人を殺《ころ》した横浜《よこはま》の少年たちと同じようなことを考えていることがわかって、荘保《しょうほ》さんはショックを受けました。

どうしたらいいのか考え続《つづ》けた末、「子どもたちが、野宿をしている人たちの本当のことを知ることがいちばん大切だ」と思った荘《しょう》保《ほ》さんは、「こどもの里《さと》」に来ている子どもたちや保護者《ほごしゃ》、スタッフなど約《やく》六十人によびかけて、一九八六年から「こども夜回り」をはじめました。

こども夜回りは、夜おそくまでかかります。そこで、子どもたちは「こどもの里《さと》」でまずお昼寝《ひるね》をします。夕方からおにぎり作りや毛布《もうふ》の準備《じゅんび》をはじめて、夜八時からは野宿

おにぎりを作って夜回りの準備《じゅんび》をする

のこと、釜ケ崎《かまがさき》のことなどを学ぶ「学習会」をはじめます。そして、十時ごろから五つのグループに分かれて出発します。夜回りが終わってから、みんなで感想文を書いて、最後《さいご》に夜回りで気がついたことを報告《ほうこく》します。

こども夜回りのことを話すと、「子どもが夜回りしていたらあぶないんじゃないですか?」と言われることもあります。

二十六年間「こども夜回り」を続《つづ》けていますが、子どもがあぶない目にあったことはありません。野宿をしている人の多くは子どもにやさしくて、子どもたちのことを大事にしてくれるからです。

子どもたちが夜回りをするのは、なんのためなのでしょうか?

ひとつめは、ぐるっと回っても三十分くらいの釜ケ崎《かまがさき》という街《まち》の中で、毎年何十人もの人たちが道路や公園で亡《な》くなっているからです。にぎやかな繁華街《はんかがい》でも、野宿をしながら、病気やけがや、食べるもののない餓《う》えや寒さなどのために多くの人が死んでいます。その人たちを、夜回りをしながら助けていきたいのです。

二つめは、いまも日本のあちこちで、子どもたちが野宿をしている人たちを襲《おそ》っているからです。野宿者を襲《おそ》う子どもたちの多くは、「ホームレスはなまけ者だ」「世の中で要《い》らないものだ」などと思っています。子どもたちに、野宿をしている人たちの多くがまじめでやさしい人だという、本当のことを知ってもらいたいのです。

三つめは、野宿をしている人たちには子どもが大好《だいす》きな人がたくさんいるからです。大人が十年夜回りをしても、おじさんやおばさんの表情《ひょうじょう》はなかなか変わらないけれど、子どもたちが夜回りに行くと、野宿をしている人たちの表情《ひょうじょう》が変わっていきました。夜回りをする中で、おじさんやおばさんは子どもたちのやさしさや力を感じてはげまされていきました。そして、子どもたちも、野宿をしている人たちのやさしさや強さにおどろきます。野宿をしている人たちも子どもたちも、おたがいを通じて生きる力をもっと持てるようになったらいいなあという願《ねが》いが、この「こども夜回り」にはあるのです。

「こどもの里《さと》」のほかにも、同じ西成区《にしなりく》にある児童館《じどうかん》「山王《さんのう》こどもセンター」でも、一年中、毎月一回、「こども夜回り」をしています。ここでも、子どもたちがおにぎりを作って、野宿をしている人たちをたずねてまわっています。

ほかにも、こうした「夜回り」とよばれる活動はあちこちで行われています。たとえば、ぼくが参加《さんか》している「野宿者ネットワーク」という団体《だんたい》も、毎週土曜日に一年中、大阪《おおさか》の人通りの多い繁華街《はんかがい》などで夜回りをしています。

3 野宿をしている人とのかかわり

このような「夜回り」があるのは大阪府《おおさかふ》だけではありません。夜回りは日本全国で行われています。みなさんの住んでいる街《まち》の近くでも、行われているかもしれません。

ぼくはいままでに、北海道《ほっかいどう》、愛媛県《えひめけん》や東京都《とうきょうと》、福岡県《ふくおかけん》、熊本県《くまもとけん》など、あちこちで行われている夜回りに行きました。どこでも、大阪《おおさか》と同じように、仕事がなくなったために住む家をなくした人たちが大勢《おおぜい》野宿をしていました。

大阪《おおさか》よりも、もっともっと寒い北海道《ほっかいどう》でも、野宿をしている人がたくさんいます。ぼくは、札幌《さっぽろ》の夜回りに二回行ったことがあります。二〇一〇年二月に行ったときは、夜回りしている夜の九時でマイナス四度、一日でいちばん寒い夜明けにはマイナス十二度になりました。

ぼくが行ったとき、札幌駅《さっぽろえき》の近くで野宿をしている人は七十人ぐらいでした。歩いていくと、人があまり通らない駅の軒下《のきした》、ビルの屋根の下などで、寝袋《ねぶくろ》に入ったり毛布《もうふ》にくるまっただけの状態《じょうたい》で、たくさんの人たちが寝《ね》ていました。そのうちの一人は、「近くの『ドン・キホーテ』という店は朝五時まで開いているので、店の中を歩きまわっています」と言っていました。お店の中は暖房《だんぼう》があるので、中にいれば寒さをしのげるからです。駅が五時すぎに開くので、それから駅に行って、ベンチで寝《ね》ているということでした。

みなさんは、「札幌《さっぽろ》みたいに寒いところで野宿をしているなんて信《しん》じられない」と思うかもしれませんが、もっと寒いマイナス二十度になる北海道《ほっかいどう》の旭川《あさひかわ》でも、何人かの人が野宿のまま冬を越《こ》しています。

ぼくが、「こどもの里《さと》」がある釜ヶ崎《かまがさき》にはじめて来たのは一九八六年、二十六年前のことでした。

そのときぼくは大学生で、京都《きょうと》にいましたが、テレビを見ていると、釜ヶ崎《かまがさき》の冬の夜回りのようすを映《うつ》していました。現在《げんざい》では日本中に野宿をする人が増《ふ》えてしまいましたが、二十六年前でも、釜ヶ崎《かまがさき》にはいつも四百人ぐらいの人が野宿をしているということでした。テレビで見る夜回りでは、野宿をしている人たちに声をかけて、体の悪い人には病院を紹介《しょうかい》したり救急車《きゅうきゅうしゃ》をよんだりしていました。

ぼくは、そのときはじめて、当時「豊《ゆた》か」と言われていた日本にも、野宿をしている人がいっぱいいること、そして、その人たちのために夜回りがあることを知って、「日本にもこんな場所があるんだ」とびっくりしました。そして、そういう活動があるなら、釜ケ崎《かまがさき》に行って参加《さんか》してみようと思いました。

そのころは、ぼくはなんとなく「野宿をしている人たちは、ぼくたちとはちがう変わった人たちなんだろう」と思っていました。でも、釜ケ崎《かまがさき》へ行って、野宿をしているたくさんの人たちに会って話してみると、思っていたのとは全然《ぜんぜん》ちがうということに気づきました。

大阪市《おおさかし》などで野宿をしている人の多くは、アルミ缶《かん》やダンボールを集めて、それを廃品回《はいひんかい》収《しゅう》の会社に売る「リサイクルの仕事」で生活しています。アルミ缶《かん》は、そのころ「一個《こ》一円」でした。あっちの街《まち》、こっちの街《まち》へ出かけてアルミ缶《かん》を拾って、それを廃品回収《はいひんかいしゅう》の会社に売ってお金を手に入れるのです。八時間とか十時間かけてアルミ缶《かん》を一〇〇〇個《こ》集めて、やっと一〇〇〇円というのが「ふつう」でした。一時間働《はたら》いてもらえるお金（時給《じきゅう》）が一〇〇円くらい、一か月働《はたら》いても収入《しゅうにゅう》は三万円くらいにしかなりません。みなさんのお父さんや

アルミ缶《かん》を何時間もかけて集める

お母さんは、一か月でたぶん三〇万円ぐらいの収入《しゅうにゅう》だと思います（二〇一〇年の働《はたら》いている人の平均《へいきん》の月収《げっしゅう》は約《やく》三二万円です）。その「十分の一」ぐらいにしかならないのです。

あるとき、夜回りをしていると、七十六歳《さい》でアルミ缶《かん》を集めている人と会いました。年を取って体も強くないので、アルミ缶《かん》も一日で五〇〇円分ぐらいしか集められません。ぼくがその人に声をかけて、「おじさん、ぼくたちといっしょに役所に相談をしに行きませんか？『生活保護《せいかつほご》』という制度《せいど》があって、生活にこまっている人には国と市がお金を出してくれます。家賃《やちん》と生活費《せいかつひ》を出してもらってアパートに入ることもできますよ」と言いました。すると、その人は「わたしはアルミ缶《かん》を集めて自力で生きています。まだ人さまのお世話にはなりたくありません」とことわるのです。

ふつう、七十六歳《さい》なら「働《はたら》かなくてお金がもらえるんなら、そうしよう」と考えると思います。でも、その人は「野宿をしても、働《はたら》いていたい」と言うのです。そして、そう言って野宿を続《つづ》ける人がほかにもとても多かったのです。野宿をしている人たちからそういう話を聞くうちに、野宿者は「なまけ者」とか「変わり者」というより、不器用《ぶきよう》なくらいまじめな人が多いんじゃないかと思いました。そのとき、ぼくは「まじめすぎる人が野宿をしてるんだ」とびっくりしました。

なぜ、そんな人たちが野宿をしないといけないのか、とてもふしぎでした。そのわけは、夜回りを続《つづ》けて、「日やとい労働《ろうどう》」の仕事をしてみてわかってきました。野宿をしている人たちは、野宿をするようになる前に「日やとい」の仕事をしていることが多いのです。

釜ケ崎《かまがさき》は、「日やとい労働《ろうどう》」の仕事をしている人が日本でいちばん多い街《まち》で、もっとも多いときには、三万人ぐらいいました。日やとい労働《ろうどう》は、会社の「正社員」の働《はたら》き方《かた》とはちがいます。釜ケ崎《かまがさき》で働《はたら》く人たちはビルや学校などを作る仕事をしていることが多いのですが、「日やとい」という言葉のとおり、朝にやとわれますが、その日の仕事が終わるとそこで「クビ」になります。そして、とてもこまったことに、景気《けいき》が悪くなったりして仕事が少なくなると、日やとい労働者《ろうどうしゃ》には、ほかのだれよりもまっさきに仕事が来なくなります。また、けがや病気になると、その日から仕事に行けずに、まったくお金が入らなくなります。

仕事がなくて収入《しゅうにゅう》がなくなると、やがて家賃《やちん》をはらうことができなくなります。つまり、「日やとい労働者《ろうどうしゃ》が多い」ことは、「病気やけが」、そして「仕事が減《へ》った」などの理由のために「野宿をする人が多い」ということにつながるのです。こうして、日やとい労働者《ろうどうしゃ》が多い釜ケ崎《かまがさき》は、日本でいちばん野宿者が多くて、しかも、餓《う》えや寒さのために道路や公園などで死ぬ人が日本でいちばん多い街《まち》になったのです。

「こども夜回り」がはじまった二十六年前には、野宿をしている人は日本全体で千人ぐらいしかいませんでした。そして、東京都《とうきょうと》や大阪府《おおさかふ》、横浜市《よこはまし》や名古屋市《なごやし》など、日やとい労働者《ろうどうしゃ》が

野宿生活になるようす

仕事があって、住むところもある

●けがをした
●病気になった
●年を取ってやとってもらえなくなった

●会社が倒産《とうさん》した
●クビになった
●日やといなどの仕事をしていて、仕事がなくなった

↓

住むところはあるが、仕事がない

↓

●さがしても仕事が見つからない
●電車賃《でんしゃちん》がないので面接《めんせつ》に行けない

↓

少ない貯金《ちょきん》がなくなる

↓

●家賃《やちん》をはらえなくなって家を出た
●家を売ってしまった

家を出る → 住むところがなくなる

仕事がなくなったわけではないが、
家族からの暴力《ぼうりょく》やトラブルで家を出た

↓

泊《と》まるところはあるが仕事がない

●ネットカフェや簡易宿泊所《かんいしゅくはくじょ》、ファミレスなどに泊《と》まる
●住所がないからやとってもらえない

↓

もっとお金がなくなる

↓

仕事も、泊《と》まるところもない

どこにも行き場がなくなって、
野宿をすることになる

多い地域《ちいき》にだけしか、野宿をしている人はいませんでした。けれども、この二十年で、野宿をする人たちが日本中でどんどん増《ふ》えて、現在《げんざい》では二万人ぐらいの人が野宿をするようになっています（二〇〇〇年ぐらいからは、北海道《ほっかいどう》から沖縄県《おきなわけん》まで、全部の都道府県《とどうふけん》で野宿をしている人がいるようです）。二十倍にも増《ふ》えていったのです。

なぜ、日本中でそんなに野宿する人が増《ふ》えたのでしょうか？

いちばん大きな理由は、日本中で「仕事がない人」「給料《きゅうりょう》が低《ひく》い人」が増《ふ》えてきたからです。

一九九五年ぐらいから、日本の会社は、正社員がしていた仕事を、パートやアルバイトの社員がする仕事に、どんどん変えていきました（むずかしい言葉で言うと、そういったパートやアルバイトの社員がする仕事のことを、正社員などの「正規労働《せいきろうどう》」に対して「非正規労働《ひせいきろうどう》」と言います）。たとえば、パートやアルバイトで仕事をしている人たちは、正社員とくらべて、いらなくなったらすぐクビにできるし、給料《きゅうりょう》も正社員よりずっと安いので、やとっている会社にとってはとても都合《つごう》がいいのです。

いまでは、日本でやとわれて働《はたら》いている人の三分の一以上《いじょう》がパートやアルバイトなどの

「非正規労働《ひせいきろうどう》」者になりました。それは、日本の三分の一が「釜ケ崎《かまがさき》」の街《まち》と同じになったようなものです。こうして、「仕事がなくなった」ために野宿をする人が日本中で増《ふ》えてきました。釜ケ崎《かまがさき》のような街《まち》にしかなかった夜回りも、日本全国で必要《ひつよう》になったのです。

こうしたことが原因《げんいん》になって、いま、さまざまな問題が起《お》こっています。

まずひとつめは、人数が増《ふ》えただけではなく、若《わか》い人や女の人など、以前《いぜん》には野宿をするとは考えられなかった人たちが、だんだん野宿をするようになったことです。

第一章で紹介《しょうかい》した「こども夜回り」の子どもたちは、二十六歳《さい》で野宿をしている人と会いましたが、いま日本全国で、たくさんの若《わか》い人が野宿をしています。ぼくも、夜回りなどで、たくさんの若《わか》い人から相談を受けました。「仕事がなくなってクビになり、住んでいた会社の寮《りょう》を出て、行くところがない。知りあい何人にも借金《しゃっきん》をして、それを返すのにこまっている」という三十歳《さい》の人、「大学を出て研究所で働《はたら》いてきましたが、予算カットでクビになりました。コンビニでアルバイトをしていましたが、体調を悪くして仕事ができなくなりました」という二十代の人……。

そして、女の人もたくさん野宿をしています。ぼくが夜回りをはじめた二十六年前には、女性《じょせい》で野宿をしている人はほとんどいませんでしたが、どんどん増《ふ》えていきました。二〇〇六年〜二〇〇七年に「虹《にじ》の連合《れんごう》」という団体が調査したところ、日本の野宿者のうち七%、つまり「百人野宿をしていたらそのうち七人が女性《じょせい》」という結果《けっか》が出たことがあります。

みなさんは、「女の人が野宿をしているのなんか、見たことがない」と思うかもしれません。じつは、女の人が野宿をするときは、人に見つからないよう、人から襲《おそ》われないように、建物《たてもの》のうらや、木や草のしげっている場所など、簡単《かんたん》には見つからない場所で野宿をしていることが多いのです。

女の人が野宿をするようになる原因《げんいん》のひとつは、男の人と同じように仕事がなくなる「失業《しつぎょう》」です。けれども、もうひとつ、とても多い理由があります。それは「夫《おっと》からの暴力《ぼうりょく》」です。夫《おっと》からひどい暴力《ぼうりょく》を受けていても、最初《さいしょ》はなんとかがまんをしています。ところがそれが続《つづ》き、「このままでは死んでしまうかもしれない」というギリギリの状態《じょうたい》になって、「逃《に》げだそう」と決心して逃《に》げだすのです。お金を持てるだけ持って、子どもといっしょに逃《に》げだすことが多いようです。最初《さいしょ》はホテルに泊《と》まったりしますが、お金がなくなってくると二十四時間開いているレストランなどで、子どもといっしょにずっとすわって夜をすごします。そして、お金が全然《ぜんぜん》なくなってしまって、公園のベンチで親子ですわっていることもあります。ぼくは、夜回りで、そうやって逃《に》げてきた親子と会って、そういう女の人が安全に泊《と》まることができる「シェルター」を紹介《しょうかい》したこともあります。

もうひとつ、増《ふ》えてきた大きな問題は、野宿をしている人たちの健康《けんこう》や命についての問題です。

「子ども夜回り」では、野宿をしている人をたずねると、いつもいちばん最初《さいしょ》に「体の具合はどうですか?」と聞いています。そう聞いているのは、野宿をしている人には体の悪い人がとても多いからです。ガンや結核《けっかく》、心が落ちこんでしまう「うつ」など、本当なら病院に行かないといけない人たちが、お金がないので病院に行けずに、暑い夏でも寒い冬でも大勢《おおぜい》野宿をしています。そして、痛《いた》くても苦しくてもがまんし続《つづ》けて、ますます体が悪くなっていきます。そして、いちばんひどいときは、道や公園で死んでいくのです。

夜回りをしていると、病気で亡《な》くなった人や凍死《とうし》した人、餓死《がし》した人に出会うことがあり

釜ヶ崎《かまがさき》で亡《な》くなった人の、ロッカー型《がた》の納骨堂《のうこつどう》

ます。

ぼくは夜回りで、公園の草むらの中で冷《つめ》たくなっている人を見つけたことがありました。その人にさわってみたら、「死後硬直《しごこうちょく》」という状態《じょうたい》になっていて、体がカチカチに固《かた》まっていました。もう助けることのできない「手おくれ」の状態《じょうたい》です。また、テントを作って生活している人に「こんばんは」と何度声をかけても出てこなくて、でも二週間前に置《お》いておいたチラシがそのままになっているので、中をのぞいてみたら、テントの中で病気で亡《な》くなって二週間ぐらいたっていたということもあります。

残念《ざんねん》ですが、こういう「路上死（道路や公

園などで亡《な》くなること）」には、夜回りをしていると、ときどき出合います。野宿をしながら死んでいく人が、大阪市《おおさかし》だけで一年間に百人以上《いじょう》いると言われています。大阪市《おおさかし》だけで年間百人以上《いじょう》ということは、三日に一人くらいが野宿をしながら死んでいることになります。日本全国で考えると、どれほどの人数になるのでしょうか。大変な数なのだと思います。

もしも、ぼくたちがもっと野宿をしている人たちのことを考えて助けあう活動をしていけば、こんなに多くの人が「路上死」することはないでしょう。けれどもじっさいには、多くの人たちが野宿をしながら亡《な》くなっているのです。

また、野宿生活を続《つづ》けている間に体をすっかり悪くして、手おくれになる人もいます。ぼくたちと、夜回りで会って、病院に行くようにすすめて、治療《ちりょう》を受けても、亡《な》くなっていくのです。

たとえば、ぼくが夜回りで出会った人に、六十三歳《さい》の橋口《はしぐち》さんがいました。橋口《はしぐち》さんは、夜、ガードレールの横の人目につかないような場所に、一人ですわりこんでいました。すっかりつかれてこまっているように見えました。「こんばんは」と声をかけて話を聞くと、以《い》前《ぜん》はタクシーの運転手をしていたということです。「車の事故《じこ》で二年間入院《にゅういん》したんですが、病院ではとてもいづらくて退院《たいいん》しました。事故《じこ》のけがのほかにも体の調子が悪くて、仕事ができる状態《じょうたい》ではないので、大阪《おおさか》の難波《なんば》にあるネットカフェ（一晩《ばん》二〇〇〇円くらいで泊《と》まれます）で三週間すごしました。そして、お金が完全《かんぜん》になくなりました」ということでした。

ぼくがその話を聞いて、「いっしょに病院に行って診断書《しんだんしょ》をもらい、役所で説明《せつめい》したら、生活保護《せいかつほご》を受けて、入院《にゅういん》できるかもしれません。体がよくなったら、入院費《にゅういんひ》ではなく家賃《やちん》と生活費《せいかつひ》を出してもらって、アパートで生活できるようになるかもしれません」と言うと、橋《はし》口《ぐち》さんはぼくに「信用《しんよう》していいんですか」と言いました。ぼくが「こういう相談はよく受けているんです」と言うと、橋口《はしぐち》さんは「お願《ねが》いします」と言いました。

夜回りで出会ったのは土曜日だったので、病院が開く月曜日に待ちあわせをして、いっしょに「大阪社会医療《おおさかしゃかいいりょう》センター」という、生活にこまった人が診察《しんさつ》してもらえる病院に行きました。診察《しんさつ》を受けると、お医者さんから「状態《じょうたい》がとても悪いので、すぐに入院《にゅういん》しなさい」と言われて、ぼくと橋口《はしぐち》さんは顔を見あわせてしまいました。そして、そのまま橋口《はしぐち》さんは近くの病院に入院《にゅういん》しました。

橋口《はしぐち》さんは、体のあちこちが悪くなっていましたが、足の血管《けっかん》がつまって血液《けつえき》が流れにくくなる病気がいちばん重いということでした。最初《さいしょ》は、何か月か入院《にゅういん》すれば、退院《たいいん》してアパートに入ることができるだろうと思いました。それで、「退院《たいいん》したら、いっしょに不動産《ふどうさん》屋《や》に行ってアパートをさがしましょう」と話していました。

それから、何度も病院にお見まいに行きました。けれども、何か月たってもなかなか体がよくなりません。「カテーテル手術《しゅじゅつ》」という、血管《けっかん》の中をきれいにする手術《しゅじゅつ》を何度もしましたが、それでもよく治《なお》りません。その手術《しゅじゅつ》は痛《いた》みがとても大きくて、患者《かんじゃ》さんに大きな負担《ふたん》がかかります。橋口《はしぐち》さんは痛《いた》みのためによくねむれず、「痛《いた》い痛《いた》い」と痛《いた》み止《ど》めの薬をずっと飲《の》みつづけるようになりました。そして、入院《にゅういん》したころは、歩いて近くに買い物に行っていたのに、とうとう車いすでないと動けないようになりました。

お見まいに行っていても、だんだん橋口《はしぐち》さんの力がなくなって弱っていくのが心配でした。そして、とうとうある日、病院から「橋口《はしぐち》さんが亡《な》くなりました」という連絡《れんらく》が入りました。痛《いた》みがひどくなって、最後《さいご》に体が持たなくなって亡《な》くなってしまったのです。

橋口《はしぐち》さんはタクシーの運転手をしていたので、あちこちの場所にくわしくて、ぼくに大阪《おおさか》の地名の意味など、いろいろなことを教えてくれました。もっと早く、橋口《はしぐち》さんが病院に行って治療《ちりょう》できていれば、こんなに早く亡《な》くなることはなかったのではないかと、いまでも残念《ざんねん》でしかたありません。

そして三つめの、心が痛《いた》む大きな問題が、「襲撃《しゅうげき》」です。

「こども夜回り」では、野宿をしている人から「自転車を投げられた」「石を投げられた」「ダンボールハウスをけられた」という話を聞きました。

ぼくも、いままで野宿をしている人たちとつきあっていて、数えきれないぐらい襲撃《しゅうげき》の話を聞きました。なぐったりけったりすることが多いのですが、ほかにもエアガンで撃《う》ったり、石を投げたり、体に火をつけたりすることもあります。

このようなことをして野宿をしている人を襲《おそ》うのは、たいてい、小学生から高校生の男の子のグループです。そして、こういった襲撃《しゅうげき》は、夏休みや春休みに多く起《お》こります。

こういう話を聞くと、みなさんは「なんで子どもが野宿をしている人にそんなことをするのか、理由が全然《ぜんぜん》わからない」と思うかもしれません。こういう「襲撃《しゅうげき》」には、いろいろな原因《げんいん》があるのですが、これについては、あとであらためて考えてみたいと思います。

中学生、野宿テント放火
殺人未遂容疑 少年2人逮捕
尼崎

中学生がホームレスの男性のテントに放火したとみられる事件があった河川敷（30日、兵庫県尼崎市）

兵庫県尼崎市の河川敷で寝ていたホームレスの男性（65）のテントに火を付けたとして、県警尼崎北署は30日、いずれも同市に住む14歳で市立中3年の少年2人を殺人未遂容疑で逮捕した。同署によると「石を投げたら、投げかえしてきたり怒鳴ったりするので、腹が立った。死んでも構わないと思った」と供述しているという。男性にけがはなかった。

逮捕容疑は3月29日午前0時50分ごろ、尼崎市南武庫之荘9の武庫川河川敷で、男性が寝ていたテント（約3平方㍍）に、ライターのオイルをまいた上で火を付け、殺害しようとした疑い。

同署によると、男性はすぐにテントから逃げて消火し無事だった。2人は以前から、男性に石を投げた際に投げかえされたり、喫煙しているところを注意されたりして恨みを募らせていたという。同日もテントに投石して男性が中にいるのを確認し、放火したという。

2人は同日午前1時50分ごろに同市内の市営住宅で消火器をまき散らしたとして建造物侵入容疑などで逮捕され、4月13日に建造物侵入などの非行事実で家裁送致されて観護措置で少年鑑別所に収容されているという。

尼崎市教育委員会によると、2人は市内の同じ中学に通学。欠席日数が多かったり、過去にも問題行動があったりしたという。同教委は「あってはならない行為で非常に残念。命の尊さを理解させるため、道徳教育の内容を工夫するなどの再発防止策を検討していきたい」と話した。

官民、襲撃防止探る
生活保護で住居確保 小中高生に出張講義

ホームレスが襲われる事件は全国で後を絶たない。自治体は「襲撃を避けるためにも住居の確保を」と生活保護の申請などによる路上生活からの脱却を促すが、思うように進まないのが実情。少年がかかわる事件も目立ち、支援団体が学校で出前授業を展開し野宿者への理解を深めようと活動を続けている。

今回の事件があった尼崎市は月1度の定期巡回などで市内のホームレスの実態を把握、生活保護の受給を勧めている。被害にあった男性には事件直後に職員を派遣、男性は現在生活保護の受給手続きを進めているという。

大阪市もホームレスの住居確保に向けた就職支援を2000年10月から展開。3～6カ月住みながら就職に必要な技能を身につける「自立支援センター」をこれまでに約2200人が利用し就職した。

今年4月からは住居のない生活保護申請者に一時的に住む場所を提供する支援も始めた。

ただ、「路上生活の方が気楽」などの理由から生活保護を拒む人もいるといい、尼崎市の担当者は「保護の強要はできず、行政ができる対応には限界がある」と話す。

少年による襲撃事件が相次いでいることについて、ホームレス支援団体「野宿者ネットワーク」（大阪市西成区）の生田武志代表（45）は、「野宿者が生まれる社会的背景や生活実態についての無理解が原因」と指摘する。

同団体は大阪はじめ全国の小中高生にホームレスの生活実態を出張講義する活動を01年から続けている。

「高校生が失業や貧困の実態を理解し、炊き出しの手伝いに来るようになることもある」と一定の手応えは感じているという。

日経《にっけい》新聞 2010年5月1日

ホームレスへの「悪意」やまず
暗がりから花火 首直撃
やけどの男性、告訴
鶴舞公園

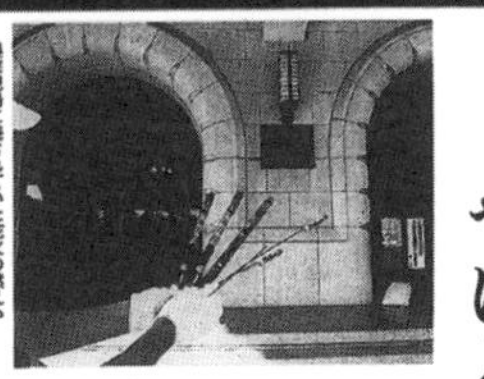
襲撃現場に残されていた花火の燃えかすと、現場になった市公会堂前＝名古屋市昭和区の鶴舞公園、円山史撮影

名古屋市昭和区の鶴舞公園で7月、野宿生活を送るホームレスたちが打ち上げ花火を撃ち込まれる被害が相次ぎ、男性1人が首に1週間のやけどを負った。少年グループによる襲撃とみられる。ホームレスを狙った襲撃事件が各地で後を絶たない中、被害者の男性は「放置すれば、どうエスカレートするか分からない」と、刑事処分を求めて愛知県警に傷害の容疑などで告訴した。

（兼田徳幸）

最初の事件が起きたのは7月12日午後10時すぎ。公園内の市公会堂の軒先で休んでいた6人のホームレスの男性に、花火が撃ち込まれた。

被害に遭った44歳の男性は、携帯電話ですぐ110番通報。さらに支援団体の知人に連絡している間に、花火に右の首筋を直撃され、やけどした。男性は「飛んできたのはまるで火の玉。目に入っていたら失明していたかもしれない」と憤る。59歳の男性もタオルケットが焦げた。

花火は20～30㍍先の暗がりから男性らに向けられた。確認できたのは、自転車に乗った数人の人影だけ。連発の打ち上げ花火を手に持ったまま、10分間ほど無言で水平に撃ち込んできた。

2日後の14日午後9時すぎ、再び、襲われた。近くで花火遊びをしていたグループのうち3、4人の若い男が近づいてきた。花火を向けられた男性らが逃げまどうと、若い男らは笑い声を上げながら追いかけてきた。

たまりかねた男性たちが、逆に若い男の1人を取り押さえ、通報で駆けつけた警察官に引き渡した。昭和署によると、中学生のグループで、取り押さえられた少年の親が現場に来て謝罪したため事件化をいったん見送ったが、被害者の男性が今月になって提出した告訴状を受理し、「粛々と捜査を進める」と話す。

支援団体によると、現場周辺では7月以降、鉄パイプで脅されたり、石を投げつけられたりしたという情報も寄せられているという。

ホームレスを狙った事件は全国で頻発する。愛知県岡崎市の河川敷では2006年、69歳の女性が殴り殺され、強盗殺人罪などで有罪判決を受けた主犯格の男とともに、中学生3人が強盗致死の非行事実で初等少年院に送致された。東京都内で起きた連続襲撃事件では昨年、30代の男が殺人などの疑いで逮捕され、江戸川区で昨年あった別の襲撃事件では中学生が傷害などの疑いで逮捕された。神戸市ではホームレスに花火を発射してやけどを負わせたとして高校生3人が傷害容疑で今月、逮捕された。

ホームレス支援団体「笹島診療所」の藤井克彦さんは「背景には、野宿者は怠け者、存在価値がないなどといった根強い社会的偏見がある」と指摘する。

やけどを負った44歳の男性は「一体、どんな気持ちでやったのか、直接聞けない以上、警察にきちんと捜査してもらうしかない。いたずら心でやったとしても、高じれば危険だ。このままでは弱い人が狙われ続ける」と話す。

朝日《あさひ》新聞 2010年9月9日

「襲撃《しゅうげき》」の記事

残念《ざんねん》ながら、襲撃《しゅうげき》は、止めることがとてもむずかしいのです。ぼくたちは、あまり襲撃《しゅうげき》が続《つづ》くと、その場所で張《は》りこんで、やってくる子どもたちをつかまえることもあります。ダンボールハウスを作って、ぼくたちもその中で寝《ね》ているふりをして、襲撃《しゅうげき》がはじまったらダンボールハウスから飛《と》びだしてつかまえるのです。

そうしてつかまえて、ぼくたちと野宿をしている人たちとで、襲《おそ》われることがどんなにいやなことか、そして、その子にとっても人を襲《おそ》うことがどんなによくないことかを、時間をかけてゆっくり話します。そして、その子たちが通っている学校に行って、先生たちや保護《ほご》者《しゃ》の人たちと話しあうこともあります。そうすると、その子どもたちはほとんどの場合、もう襲《おそ》いにこなくなります。

でも、襲撃《しゅうげき》に来た子どもたちをつかまえても、しばらくたつと、別《べつ》の子どもがやってきます。まるで、よく言う「もぐらたたき」のようです。それは、本当の解決《かいけつ》にはならないような気がすることがあります。

どうしたらいいのか考えつづけ、ぼくは二〇〇一年から全国の小学校や中学校、高校や大学で「野宿の問題」について授業《じゅぎょう》をするようになりました。いままで、関西《かんさい》を中心に、熊本《くまもと》県《けん》、山梨県《やまなしけん》、新潟県《にいがたけん》、東京都《とうきょうと》、愛媛県《えひめけん》など全国の学校で授業《じゅぎょう》をしています。

授業《じゅぎょう》をはじめたのは、身近で起《お》こっている、子どもによる野宿者への襲撃《しゅうげき》という「子どもたちと野宿をしている人たちとの最悪《さいあく》の出会い」を止めて、「こども夜回り」のような「子どもたちと野宿をしている人たちとの意味のある出会い」を、学校という場所でも作りたいと思ったからです。そういう授業《じゅぎょう》と同じように、この本を通して、みなさんと「野宿をしている人とのいい出会い」をしてもらえたらいいなあと思っています。

授業《じゅぎょう》のようす

4 坂本《さかもと》さんの話

ぼくが小学校や中学、高校でする「野宿問題の授業《じゅぎょう》」では、「野宿をしている人たちはどのように生活しているか」「野宿をするようになる原因《げんいん》とは何か」「解決《かいけつ》の方法はどういうものか」などについて話します。

そして、授業《じゅぎょう》にはなるべく、野宿をしている人といっしょに行くようにしています。授業《じゅぎょう》を受ける子どもたちにとって、野宿をしている人とじっさいに会って話をすることは、とても大きな意味があるからです。

みなさんにも、ここで、野宿をしている人のことを知ってほしいと思います。そこで、ぼくが何度かいっしょに学校に行って話をしてもらった坂本《さかもと》さんを紹介《しょうかい》したいと思います。

坂本《さかもと》さんは、釜ケ崎《かまがさき》の近くの公園で小屋を作ってくらしています。そして、「野宿をしている人たちのことを知ってほしい」と、学校などで話をしてくれています。

ここでは、坂本《さかもと》さんが子どものころのことや、野宿をするようになったようすについての長いお話を紹介《しょうかい》します。これは、ぼくが坂本《さかもと》さんの小屋で聞いてきた話です。坂本《さかもと》さんがどんな生活を送ってきたのか、いまどんなくらしをしているのか、そのようすを、想像しながら読んでみてください。

ぼくが生まれたのは一九六五年です。おじいちゃんとおばあちゃん、母と父とお姉ちゃんとの六人家族でした。

ぼくは子どものころから、父親が仕事でいそがしくて、遊んでもらった記憶《きおく》があんまりないです。そして、五歳《さい》のころに、理由ははっきりと知らないけど、母親と父親が離婚《りこん》したんです。

その後、母親が義理《ぎり》の父になる人と知りあいになって、ある日「今日からあっちの家でくらすよ」ということになってね。六歳《さい》くらいに大阪《おおさか》の阿倍野区《あべのく》でくらすことになりました。最初《さいしょ》はお姉ちゃんとぼくとで、親とは別《べつ》のせまいアパートに寝起《ねお》きしてたんですよ。食事のときは親のところに行って食べて。ぼくが小学校の二年生のとき、お姉ちゃんは親のほうに寝起《ねお》きするようになって、ぼくだけがそのボロアパートで寝起《ねお》きしてたんです。

　義理《ぎり》の父親がしつけとかきびしいんです。ぼくは小学校のころはいい子だったんですけど、義理《ぎり》の父親と折《お》りあいが悪くて、たまに義理《ぎり》の父のきげんが悪くなったら「おまえなんかこっちに来んでもええ」「おまえはむこうのアパートに引っこんでろ！」と言ってました。
　二、三年したころから義理《ぎり》の父は「うちはテレビ一切禁止《いっさいきんし》」と言いだしてね。小学校の二年生なかばくらいからはテレビ見せてもらってないです。友だちとも

テレビとかの話になったらまったくわからない。だから、クラスの子と話すのもこまるようになった。

それと、小学校五、六年生になったら外に遊びに行くのも禁止《きんし》だったんです。悪い影響《えいきょう》があるとか言って。それに、家があんまり裕福《ゆうふく》じゃないからぼくは小づかいをもらったことがないんですよ。学校終わったら友だちとつきあいもあるでしょ。休みの日にあそこに行ってみるんだ、とか。それがなかなかできなくて、いつもそういう会話には入らないようにして。「自分だけ、なんでこんなんやろ」って思ってました。

家族の中で、坂本《さかもと》さんだけ一人で別《べつ》のアパートの部屋に住むことになったのです。義理《ぎり》のお父さんの言うこともきびしすぎて、これでは、坂本《さかもと》さんは毎日、気持ちが重くてしかたなかっただろうなあと思います。

そういうこともあって、中学校の二年生のなかばから不登校になったんです。不登校をしている間、クラスメートが「学校出てこいよ」って寄《よ》せがきみたいなのして、とどけてくれたりとかはありました。ただ、それ持ってきてくれたときは、ぼくはもう引きこもり状態《じょうたい》みたいやったんです。だれにも会いたくないっていうかんじでね。それに、中学二年生から身のまわりの世話もほとんどしてもらってない。風呂《ふろ》代《だい》とかもめったにくれないから、まっくろけだったんですよ。母親もぼくにかまったりすると、義理《ぎり》の父親になぐ

られますから。そういうのもあって、友だちがアパートに来てくれても、なかなか顔も合わせられなかった。

お風呂《ふろ》にも入れないなんて、ひどいなあと思いました。それだと、友だちと会いにくくなるのも「わかるなあ」と思います。

母親からは、「家の経済状態《けいざいじょうたい》がこんなんやから、あんたには悪いけどひょっとしたら、高校には入れてあげられへんかもしれん」って言われてました。

中学を卒業《そつぎょう》する二か月前くらいから、ぼくもう働《はたら》いてたんです。アパートの二階に中華料理《ちゅうかりょうり》の店を経営《けいえい》している人が住んでいて、「学校に行かんのやったら、うち、いま手が足らんから働《はたら》かんか」って声かけてくれてね。

そこは朝の八時から夜の十一時半くらいまで働《はたら》いていたんだけど、あるときレジを打ちまちがえたんです。そしたら店主がすごくおこって、きげんが悪くなったんですよね。「これで売りあげがなんぼ下がったと思ってるんや」とか言われて。二日か三日くらいは仕事しても、口をきいてくれないんですよ。たまに出前の注文の電話がかかってくるんですが、その電話に出たら「そんなもん出とったら店回らへんやろ！」とか当たりちらすようになってね。それで三日くらいはがまんしてたんですが、これじゃもうこの店でやっていけんなぁと思ってね。

それと、その店は月に休みは一日くらいで、一か月の給料《きゅうりょう》は、税金《ぜいきん》などを引いた〝手取り〟で七万円くらいでしたけど、あとで計算してみたら、時給《じきゅう》で一七〇〜一八〇円くらいになってしまうんです。さらにその一件《いっけん》じゃないですか。それでそこをやめました。

でも、店主がぼくと同じアパートの二階に住んでいる。顔を合わせづらいから、小学校のときに同じクラスだった友だちに、はなれの押《お》しいれにかくまってもらったり、公園の土管《どかん》の中ですごしたりして十日くらい逃《に》げまわってたんです。その間、四日くらいは水だけでくらしてました。

坂本《さかもと》さんのしてきた仕事をいろいろと聞いてみると、仕事はたいへんなのに給料《きゅうりょう》が少ないことが多いのにびっくりします。最初《さいしょ》にしていた中華料理屋《ちゅうかりょうりや》のアルバイトは一時間で一七〇～一八〇円ですが、こんなに給料《きゅうりょう》が低《ひく》いのは本当は法律違反《ほうりついはん》です。店主は、「まだ子どもだから」と思って安く使っていたのでしょう。

仕事をさがさないといけないんだけど、お金も減《へ》ってきたら、「月ばらい」の仕事には行けなくなってしまうじゃないですか。月ばらいだったら、給料《きゅうりょう》が入るのは一か月後だから、その間の生活ができなくなってしまいますから。ぼくは貯金《ちょきん》なかったですから、すぐお金が入る「日ばらい」の仕事をさがさなあかんわけです。

そのころ、よくアルバイト情報誌《じょうほうし》とかに工場の日ばらいの仕事がのっていて、夜勤《やきん》の仕事は「十八歳以上《さいいじょう》」って書いてあったけど、電話では「十八です」とかうそついて仕事に行きました。最初《さいしょ》に行った仕事は、すごいきつかったですね。ガラス製品《せいひん》を箱《はこ》づめする流れ作業ですよ。製品《せいひん》が次々と流れてくるラインには、わめきたおしてるこわいおっちゃんがいる。そのときは、夜の八時から朝の八時までの夜勤《やきん》の仕事で、十二時間働《はたら》いて五七〇〇円でした。

日ばらいの仕事は、たいてい電話で話せば仕事に行けるんですが、「面接《めんせつ》に来い」というところもあります。だけど、電車賃《でんしゃちん》とか、面接《めんせつ》に行くお金がないんですよね。だから、阿倍野区《あべのく》から四つとなりの西淀川区《にしよどがわく》や、十キロくらいはなれた吹田市《すいたし》あたりまで歩いて（注：三時間ぐらいかかります）行って帰ってきたことあります（笑《わらい》）。そうして行ったら、そんなとこでも

説教《せっきょう》されるんです。ある会社では、面接《めんせつ》行ったら「おまえは勉強もきらいでこんなことやっとんのか」「中学のときは不良やったんか」とかおこられて。高校入学の肩書《かたが》きもないと、やっぱりきびしかったんです。

別《べつ》の会社では、履歴書《りれきしょ》を見るなり、チェッと舌打《したう》ちをして「中卒《ちゅうそつ》やないか、こんなできの悪いのをつれてくるなよ、わたしはいそがしいんや」とか、いっしょに行っていた派遣《はけん》会社の人をどなりつけてました。帰りの車の中で、派遣《はけん》会社の人が「えらい、いやな思いをさせてしもたなあ。おやっさん口が悪うて、ほんまごめんなあ」と言ってくれたので、ぼくのほうが恐縮《きょうしゅく》してしまったり。

仕事の面接《めんせつ》でいやなことを言われる、という話はよく聞きます。坂本《さかもと》さんは、親から高校に行かせてもらえなくて中学しか卒業《そつぎょう》できなかったのに、こんなことを言われて、つらかっただろうと思います。交通費《こうつうひ》がないということでしたが、「お金がないので、面接《めんせつ》にも行けなかった」「お金がないので、日ばらいの仕事しか行けな

かった」という話は、ほかの野宿している人からもよく聞きます。

…………………………………

その後、面接《めんせつ》に行って、訪問販売《ほうもんはんばい》の仕事を見つけたんです。お客さんの家に行って、一万四〇〇〇円の商品を売るんですが、その日のうちに現金でもらったら、五〇〇〇円が自分の取りぶんになるという仕事です。十六歳《さい》からはじめて最終的《さいしゅうてき》に二十五か二十六歳《さい》くらいまでやってたんじゃないですか。それがいちばん長いことやってた仕事です。最後《さいご》のほうは友だちといっしょに独立して、お金出しあって、共同経営《きょうどうけいえい》みたいなかんじでやってたんです。

ただ、ぼくは平気でウソをつけるタイプじゃないしね。訪問販売《ほうもんはんばい》で買ってもらおうと思ったら、ある程度《ていど》平気でウソをつけないとダメなんですよね。ぼくはためらって顔に出たりするんです。それと訪問販売《ほうもんはんばい》では、「押《お》し」がいちばん必要《ひつよう》なんです。最後《さいご》のところで「おくさん、これもういっときましょう!」と言って「押《お》し」がなかったら売れないんだけど、性《せい》格的《かくてき》にそういうのができなくて。

それで、最終的《さいしゅうてき》にそこをやめて、土木作業の仕事をやりはじめました。

ここまでの話で、坂本《さかもと》さんがどのようなおいたちだったのか、少し分かったと思います。その坂本《さかもと》さんが、どうして野宿をするようになったのか、聞いてみましょう。

土木の仕事で最初《さいしょ》に行ったのは、西成《にしなり》（釜ケ崎《かまがさき》のこと）の工事現場《げんば》での日やといの仕事です。「渥美組《あつみぐみ》」っていう会社の仕事で水道工事の穴《あな》ほりでした。水道管《すいどうかん》を埋《う》める深さ七十〜八十センチの穴《あな》をスコップでほって、かたいところはツルハシで、もっとかたいところはチッパーという小型《こがた》の電動削岩機《でんどうさくがんき》で穴《あな》ほりしていくような仕事。その仕事は二週間くらいでなくなって、あとは一か月とか三か月とか、長いとこやったら半年ぐらいとか、いろいろな種類《しゅるい》の仕事に行ってました。火事のときに鉄骨《てっこつ》が熱《ねつ》で曲がったりしないように、鉄筋《てっきん》コンクリートにふきつけをする仕事とか。

野宿をするようになったのは二〇〇二年の六月かな。それまでは日やといの仕事に行ったり、ときどき工場の臨時《りんじ》の仕事に行ったりしてたんだけど、一九九八年ぐらいかな、ものすごく仕事が減《へ》ってきた。朝「あいりん総合《そうごう》センター」（釜ヶ崎《かまがさき》にある建物《たてもの》で、仕事を紹介《しょうかい》してくれる「手配師《てはいし》」が多くいる場所）に仕事をさがしにいっても、とにかく全然《ぜんぜん》ない。手持ち五〇〇円しかないし、どうしようってなってね。

この一九九八年ごろ、日本全国が不況《ふきょう》になって、坂本《さかもと》さんだけでなくたくさんの人が仕事を失《うしな》いました。公園や道で野宿をする人も増《ふ》えていました。ぼくたちが夜回りしていると、このころから、それまで「会社員」「自衛官《じえいかん》」「調理師《ちょうりし》」などの仕事をしていたたくさんの人がどんどん野宿をするようになっていました。坂本《さかもと》さんもその一人だったのです。

家賃《やちん》がはらえなくなって、七、八か月くらいためてたんですよね。家賃《やちん》もたまりすぎたし、電気の配線《はいせん》が漏電《ろうでん》かなんかで故障《こしょう》して、電気もつかない状態《じょうたい》になって。アパートの中でこっそりと物音立てないようにくらしてるじゃないですか。気分がめいってきてね。それで、大家さんに「すみませんでした」「出ていかせてもらいます」と置《お》き手紙を書いて、着がえだけ持って出てきたんですよ。二〇〇二年の六月三十日でした。

その日は雨でね。マンションの前を通りかかったら、おばあさんが使うキャリーカーが捨《す》ててあったんです。それを拾って、それでアルミ缶《かん》拾いをはじめました。それまでにアルミ缶《かん》とか集めてる人を見ていたから、ひょっとしたら、それでなんとか生きていけるんちゃうかなと思って。

坂本《さかもと》さんの住んでいたアパートの大家さんは、親切に何度も家賃《やちん》のしはらいを待ってくれていました。でも、そういうことが何度か続《つづ》いて、坂本《さかもと》さんは大家さ

んに「申しわけない」という気持ちになってしまったのです。

…………………………………………

最初《さいしょ》の晩《ばん》は、一晩中《ひとばんじゅう》アルミ缶《かん》を集めましたよ。ずっと自動販売機《じどうはんばいき》とかさがしながらアルミ缶《かん》集めて、一個《こ》一個《こ》足でつぶして。最初《さいしょ》は、自販機《じはんき》がいっぱいあるあたりをずっとウロウロしてました。缶《かん》を集めてまわったことがないから、だれがいつどこで集めているかがわからず、いつも缶《かん》を集めてまわってるおっちゃんに「勝手に取るな」とか言われたり。だいたいあれ、だれかが集めたあとに回ったら全然《ぜんぜん》ないんですよ。そんなことも知らずに回ってましたね。一個《こ》一個《こ》ためて一日十五時間くらい集めて七キロか八キロぐらいでした。そのころはアルミ缶《かん》一キロが一〇〇円だから、七キロで七〇〇円。四〇〇~五〇〇円たまったらそのお金でごはんを食べてました。

次の日はどこで寝《ね》たのかな。「阿倍野区役所《あべのくやくしょ》」の入り口の横んところで寝《ね》たんじゃないかな。「ここで寝《ね》るな」って札《ふだ》が下がってたけど。ダンボールも何もなしで寝《ね》て、下のコンクリート痛《いた》いから、なかなか寝《ね》られない。大きい病院の前に公園があって、そこのベンチで寝《ね》ることも多かった。あとは「長居《ながい》スタジアム」のひさしの下。やっぱり部屋のたたみの上ほど寝《ね》れないよね。それでも、キャリーカー引っぱって一日中歩いてるから、けっこうつかれてるじゃないですか。だから、夜になったらちゃんと寝《ね》てたみたいです。

　着るものも、着がえが一組しかなかった。お風呂《ふろ》はもうあんまり入ってなかったですね。いちばんよく行ってたのが「長池《ながいけ》公園」の身障者用《しんしょうしゃよう》のトイレでね。夜の十二時か一時くらいになったら、もう近所の人が来ないじゃないですか。中で体洗《あら》ったりしていました。

・・・・・・・・・・・・・・・・・・・・・・・・・・

坂本《さかもと》さんは、一日中アルミ缶《かん》を集めても七〇〇円ぐらいにしかなりません。お風呂屋《ふろや》は、

そのころでも三八〇円ぐらいかかりますから、食べるだけでせいいっぱいの坂本《さかもと》さんは、なかなか行けなかったのです。

・・・・・・・・・・・・・・・・・・・・・・・・・

襲《おそ》われたこともあります。最初《さいしょ》は、八月ぐらいにバスの停留所《ていりゅうじょ》のベンチで寝《ね》てたとき、夜の十二時ぐらいに、スーツ姿《すがた》の若《わか》いやつから突然《とつぜん》二発ぐらいけられたんです。缶《かん》コーヒーの半分以上《いじょう》入ってるのを投げつけられたりもしました。それと、キャリーカー引きながら歩いてたら、カップルの男のほうにうしろからけられたりとか。「きたないやつが歩いてるから、わしが強いとこを見せてちょっとけりを入れたる」、そんなかんじだったです。たおれてふりむいたら、笑《わら》ってましたけどね。そんなのは、野宿しとったらだれでも経験《けいけん》あるんじゃないかな、おそらく。

ある日、公園のベンチで寝《ね》てたら警官《けいかん》が来て、「ここで寝《ね》るな」って言われたんですよね。たぶん近所の人から苦情《くじょう》が入ったんやと思うけど。「ここは人が寝《ね》るところやないから、ここで寝《ね》るな」って言っててね。そこもいられないようになった。そのあと、「阿倍野区民《あべのくみん》センター」でよく寝《ね》るようになったんです。でも十一月ごろになってきたら、だんだん寒くなってくるじゃないですか。ぼくはやり方がわからんから、ダンボールハウスの組みたてを見よう見まねでやってたら「兄ちゃんこないするんや」「ドライバーで穴《あな》開けて、ナイロンひもをこうしてくくったらええで」ってほかの人が教えてくれて。それで、それからそこで寝《ね》るようになったんです。そこには、多いときは五十人くらい寝《ね》ていました。

でも、区民《くみん》センターも「二〇〇三年の一月十五日までに出てってくれ」いうことになりました。その二週間ぐらい前に、「工事するから出ていってくれ」っていう張《は》り紙《がみ》が出てね。どっ

か行き場所さがさなあかんなあって、みんなそれは考えますよね。いっしょに野宿をしてたおじいさんが、となりの区にある「長居《ながい》公園」に行って「五人ほど、なんとかテント張《は》らしてくれないか」って、公園に前からいる人たちにたのんでくれたんですよね。で、おじいさんが「坂本《さかもと》くんも行かないか」って言ってくれた。それで長居《ながい》公園に行くことになったんです。

長居《ながい》公園では、最初《さいしょ》に行ったときからテント作るのにも、みんないろいろ協力《きょうりょく》してくれました。どっかから黄色と黒の「トラロープ」とか拾ってきてくれて「これ使《つこ》たらええよ」とか。古いブルーシートとか下にしくベニヤとか材木《ざいもく》とかも、「これ使ったらええで」とか言ってくれて、いろいろ世話になりました。

長居《ながい》公園でテントを作ったら、昼間でも帰るとこがあるっていうだけで天国だったですよ。ちゃんとした小屋じゃなくて、ブルーシートのほんまに粗末《そまつ》なテントですよ。梅雨時《つゆどき》なんか、水がついて、内側《うちがわ》ナメクジだらけになるんですよね（笑《わらい》）。ナメクジと格闘《かくとう》しながらくらしていたんですけど、やっぱり帰るとこがあるっていう安心感が全然《ぜんぜん》ちがいますね。だって区民《くみん》センターの前は、昼間は帰ろうと思っても居場所《いばしょ》がないからね。

だから、道路や公園を転々とするのと、粗末《そまつ》なテントでも、曲がりなりにも一定の場所に帰るとこがあるというのは決定的《けっていてき》に、精神的《せいしんてき》にも全然《ぜんぜん》ちがいます。

野宿をしていると、仲間《なかま》どうしで助けあっているという話をよく聞きます。坂本《さかもと》さんも、ダンボールハウスの作り方を教えてもらったり、公園にさそってもらったりと、ほかの人からいろいろ助けてもらっていたのです。

そして、野宿をしている人がよく言うのですが、「テント」と「ダンボールハウス」は全《ぜん》然《ぜん》ちがうそうです。ダンボールハウスは、寝《ね》るときだけ組みたてるものですが、テントはずっと建《た》てておけるので荷物も置《お》けるし、坂本《さかもと》さんが言うように「帰るとこがあるっていう安心感」があるそうです。

長居《ながい》公園では死ぬ人もいました。ぼくのいた場所の七メートルくらい横のとこにテントがあって、二〇〇三年の十一月の終わりぐらいかな、やっぱり長居《ながい》公園で野宿をしていた山本《やまもと》さんという人が「何か変なにおいがする」って。それで中をのぞいたら、「死んでる」って。テントの中で餓死《がし》してたんですよ。半分腐乱死体《ふらんしたい》みたいになっとったんです。だんだん体が弱っていって、助けを求《もと》めることもできなくなってたんですよね。

若《わか》い人が、ぼくらがいつも使ってる長居《ながい》公園のトイレの取っ手にひもをかけて首をつって自殺《じさつ》してたっていうのもありました。その子はまだ二十三歳《さい》か二十四歳《さい》ぐらいだったそうです。たぶん、アパートを出たときのぼくのように、毎日ちがう場所で寝《ね》ては追いだされて、安心していられる場所がなかったんやろね。たまに長居《ながい》公園の炊《た》きだし（野宿をしている人たちに食事を作って配る活動）に来てたらしい。やっぱりずっといられる〝住む場所〟がなくて精神的《せいしんてき》に追いつめられてたのかなと思うんですよ。

ずっとぼくらを軽蔑《けいべつ》して生きてきた人の中には、「不況《ふきょう》で仕事を失《うしな》ったり、自分の会社が倒産《とうさん》したりして、ホームレスになるくらいやったら首をくくったほうがまし」って思っている人がいると思うんです。ぼくは安定した住む場所をちゃんと世話したら、それだけで自殺《じさつ》しようという気持ちがおさまる人がたくさんいると思います。だからぼくは、住む場所だけは、もうどんな粗末《そまつ》なところでもいいから、ちゃんと国がめんどうを見るべきと思うんです。

長居《ながい》公園にいたのは「行政代執行《ぎょうせいだいしっこう》」といって、大阪市《おおさかし》が〝野宿者の公園からの追いだし〟をした二〇〇七年の二月五日までです。そうなったのは、二〇〇七年に長居《ながい》公園であった「世界陸上《せかいりくじょう》」（世界陸上競技選手権大会《せかいりくじょうきょうぎせんしゅけんたいかい》）のためです。大阪市《おおさかし》は、テント村みたいな見苦しいものは、世界中から来る人に見せられないと思ったんじゃないかな。追いだされるぞっていうのは、二〇〇六年の十月ぐらいから長居《ながい》公園のみんなの中で話が出ていたみたいです。追いだされる前に、自分から公園を出ていく人もいましたけど、ぼくは行き場所がないから最後《さいご》までおったんです。

あのときは、市の追いだしに反対するために、日本全国から、いっぱい人が来ましたね。ぼくは、どうせ追いだされると思ってました。だけど、やっぱりぼくらのために抗議《こうぎ》をするということで、いっぱい人が集まって来てくれてる。みんなにこうして支《ささ》えられて公園に四年間おらしてもらったから、最後《さいご》はいっしょに抗議《こうぎ》をやろうかなというかんじだった。

一生懸命《いっしょうけんめい》に生きてきて、公園しか居場所《いばしょ》がなくなってしまったのに、それを追いだそうとするのは、やはりおかしいと思います。同じように考えた人たちが、「追いだし」に抗議《こうぎ》しようと集まりました。このとき、ぼくや、ぼくの知りあいの大勢《おおぜい》の人たちが、この抗議《こうぎ》のすわりこみをしていました。新聞記事には、このときのようすが書かれています。

長居《ながい》公園にいた人は、最後《さいご》にはやっぱり追いだされて、ほかの公園に行ったりしました。ぼくは、「西成《にしなり》公園であいてる小屋があるから何人かは受《う》けいれられる」っていう話が来て、この公園に来ました。

いまもアルミ缶《かん》集めに行ってます。それから、知りあいの人から、たまに人が足りないときに日やといの仕事によんでもらったりとかもあります。日やといの仕事がいっぱいあるときは、月に四万円ぐらいかせげることもあるけど、少ないときなんか月に一万円ぐらいで生

野宿者テント強制撤去

長居公園

大阪市 世界陸上前に「整備」

大阪市は5日、行政代執行法に基づき、今夏の世界陸上の会場となる長居公園（東住吉区）で暮らす野宿者のテントや小屋の強制撤去を始めた。市職員約200人、民間会社の警備員ら約300人を動員、正午前に計13物件すべてを取り壊した。野宿者6人と支援者ら約150人が市側に激しく抗議し、もみ合いになる場面もあった。

＝15面に関係記事

野宿者や支援者らを排除する大阪市の職員ら＝5日午前11時42分、大阪市東住吉区で

大阪市が野宿者を強制排除するのは、昨年1月、世界バラ会議を控えた靱公園（西区）と全国都市緑化おおさかフェアを控えた大阪城公園（中央区）の2カ所で計27テントを強制撤去して以来、約1年ぶり。

この日は午前9時に、市職員が行政代執行の開始を宣言。支援者らが材木を組み立てた舞台で市を批判する寸劇を演じ、しばらくにらみ合いが続いたが、市は周辺から撤去を進め、正午前に舞台を含む13物件すべてを撤去した。これを受け関淳一市長は「説得に応じなかったので、やむを得ず代執行を行った。今後は安心して憩える公園となるよう努めたい」とする談話を発表した。大阪府警は警官数十人を配備して警戒した。

市は昨年10月から、野宿者に自立支援センターなど市の施設への入所を促してきた。同月1日現在で24人いた野宿者のうち、14人が自主退去し、病院に入ったり、生活保護を受けて暮らす生活に変わったりした。4人は所在が分からなくなり、残った6人が強制排除の対象となった。

市は今回の強制排除について、「地元の要請を受け、公園内の散策路や街灯を整備するためだ」と、世界陸上とは直接関係ないとしているが、45万人の観客が見込まれる世界的なイベントの成功に向け、公園の「美化」を図る狙いがあるとみられる。

野宿者側は撤去に反対する署名活動を行い、今年1月までに約5千人分を市に提出した。公園周辺の住民らで作るNPO法人も強制排除の中止を市議会に陳情した。

大阪市内の野宿者は、03年の厚生労働省の調査で全国約2万5300人中、最多の約6600人。現在4年ぶりの実態調査中だが、今なお5千人近いと推測される。市内の公園のテントや小屋の数は、市が一時避難所などを設けた結果、00年の2593カ所をピークに、昨年12月時点で640カ所に減っている。

長居公園 野宿者テント強制撤去

「生活の場なのに」

「人間の鎖」で抵抗

野宿者のテントなどが撤去された長居公園＝5日午前9時31分、大阪市東住吉区で、本社ヘリから、西田裕樹撮影

大阪市が5日、東住吉区の長居公園で始めた野宿者の強制排除。1年前、市内の別の2公園で繰り広げられたのと同じ騒動が、今夏の世界陸上の舞台で再現された。今なお5千人近い野宿者を抱える大阪市。「いつまで同じ事態が繰り返されるのか」。市民の間からは、抜本的な対策を望む声が聞かれた。＝1面参照

「家を奪うな」「血も涙もないのか」。午前9時、市職員が「不法占有物件の除去を開始します」と行政代執行を宣言すると、野宿者側は一斉に怒号を浴びせた。約30分ほどにらみ合いが続いた後、市職員が撤去に着手。野宿者側は約150人がテントの周りに「人間の鎖」をつくって抵抗した。市職員に体当たりしたり、地面に寝っ転がったりする者もいて、激しいもみ合いになったが、一人ひとりは抱き取られるように退去させられた。支援者のたたくアフリカの太鼓の音が鳴り響く中、テントは約1時間で大半が片づけられた。

昨春から野宿している小川次郎さん(59)は「人間として見てくれない。行政のやり方は一方的でむちゃくちゃだ」と憤った。別の男性(66)はぼうぜんと作業を見つめ、「生きていく場所を奪われ、これからどうすればいいのか」と言葉少なだった。

この日は、午前6時過ぎから支援者が集まり始めた。「非人道的」と書いた看板を掲げ、「生活の場を奪うな」などとシュプレヒコールをあげた。市側は職員と警備員約500人が高さ約1㍍の金属製バリケードでテント付近を包囲、撤去に臨んだ。

施しでない 事業が大切

自立をめざす野宿者が街頭で販売する雑誌「ビッグイシュー日本版」の佐野章二代表の話　野宿者を施設に「収容」しようという考えが古い。東京都は04年度から、民間の住宅2千室を借り上げ、月3千円で提供する事業を始めた。野宿者の案内も開き、自立のために「施し」でない形をとった。これぐらいのことは大阪市でもできるはずだ。市が昨年の強制排除の大騒ぎから何も学ばなかったことが、市民として悲しい。

施設入居 1人も応ぜず

市職員は昨秋以降、野宿者に対し、「野宿は本来の生活スタイルではない」などと、市の施設への入居を訴え続けてきた。しかし、大部屋でプライバシーが守られないことや、入所期間が半年に限られることなどから敬遠され、応じた人は1人もいなかった。

市内には他にも、毛馬桜之宮公園（北、都島両区）に121、西成公園（西成区）に83、大阪城公園（中央区）に63など、多くのテント・小屋がある。昨年1月、大阪城公園、靱公園で強制排除された野宿者も別の公園に移っただけ。

市は財政難の中、約15億円（06年度）の野宿者対策関連予算を計上、自立支援センターの入所期限の延長なども検討しているが、目立った成果はあがっていないのが実情だ。

市民「騒ぎいつまで」

長居公園内では、散歩や通勤途中の多くの市民が事態を見守った。

大阪市西成区の無職の男性(63)は「強制撤去は法にのっとった手段。野宿者は自由気ままな暮らしがいいのだろうが、公園は市民みんなのもの。素直に立ち退くべきだ」。

東住吉区の警備員の男性(65)は「世界陸上で海外からお客さんがたくさん来る。テントがあったらみっともない」と撤去を支持しながらも、「追い出された野宿者は別の公園に行くだけ。いつまでこんな騒ぎを繰り返すのか」とうんざりした表情をみせた。

一方、野宿者と交流を深めてきたNPO法人「長居公園元気ネット」の佐々木和晴代表(65)は、「テントがあるのは広大な敷地のわずかな一角。散歩していても邪魔ということはない。行事にかこつけて、有無を言わさず追い出すのはひどい」と市の対応を非難した。

朝日《あさひ》新聞 2007年2月5日

「行政代執行《ぎょうせいだいしっこう》」と

抗議《こうぎ》運動の記事

活してる。ぼくは昔から、「貧乏《びんぼう》は貧乏《びんぼう》なりになんとかやっていく」という知恵《ちえ》がありますから。そこにスーパーがあるんですけど、二〇円でコシのあるええうどんを売ってるんですよね。それとピーナツ食べたりとか。だから、そんなにお金使わんでもなんとか生命だけは維持《いじ》していける。ひと月に二、三万円あったらぼくはだいじょうぶです（笑《わらい》）。この三か月ぐらいずっと毎月一万円ちょっとでやってます。

おととし、九月ぐらいから三か月ぐらい、「帯状疱疹《たいじょうほうしん》」という、ウィルスのせいで体中にじんましんみたいなものができる病気にかかって全然治《ぜんぜんなお》らんで、それがいままで味わったことのない痛《いた》みでね。あのときは小屋の中にずっといて、仕事には行けないから、もう一か月三〇〇〇円とか四〇〇〇円とかでくらしましたよ。病院には行きませんでした。医療費《いりょうひ》かかるじゃないですか。

ぼくなんかね、あんまり体じょうぶじゃないからね、アルミ缶《かん》集めもけっこうつらいんですよ。それでもがんばって、少ないお金で生活してるわけです。だから、これからは「安定した仕事につけへんやつはなまけ者や」とかそういうことを言うんじゃなしに、ちゃんといちおう少ないけど自分でかせいでますよ、という人も尊重《そんちょう》しましょうっていう社会にしていかないと、もうこれからはやっていかれへんのちゃうかなと思っています。

坂本《さかもと》さんのおいたちや野宿生活を読んで、みなさんはどう思いましたか？

ぼくは、坂本《さかもと》さんの話を聞いて、子どものころの話や、あちこちで野宿をしていたころの話に、心がとても痛《いた》くなりました。

もちろん、野宿をするようになるきっかけ、そして野宿の生活のようすも、人によってさまざまです。野宿をしている人が百人いれば、百通りの生活があります。一人の話を聞いて、すべてがわかることはありませんが、こうして一人の人のおいたちや生活のようすを知ってもらうことは、とても大切だと思います。

5 塩野《しおの》さんの話

第四章では、野宿生活をしている坂本《さかもと》さんの話を紹介《しょうかい》しました。もしかしたら、みなさんの中には、「野宿をしている人って、みんな坂本《さかもと》さんのような人なんだ」と思ってしまう人がいるかもしれません。でも、野宿をしている人の中には女の人もいれば、若《わか》い人も年を取っている人もいます。

そこで、もう一人、野宿をしていた塩野《しおの》さんという女の人の話を紹介《しょうかい》します。塩野《しおの》さんは、現在《げんざい》は「生活保護《せいかつほご》」という制度《せいど》を利用して、アパートで生活しています。ですが、以前《いぜん》は坂本《さかもと》さんと同じ「野宿者」でした。〝坂本《さかもと》さんと同じ〟と言っても、女の人であること、六十歳《さい》をすぎてから野宿をはじめたこと、一人ぐらしではなく、夫婦《ふうふ》二人でいっしょに生活していたことなど、いろいろとちがいがあります。

坂本《さかもと》さんとのちがいのもうひとつは、塩野《しおの》さんが野宿をしながら犬といっしょにくらしていたことです。塩野《しおの》さんの夫《おっと》の片木《かたぎ》さんは、野宿をすることになる前から、「マサミ」という犬を飼《か》っていました。そして、家賃《やちん》がはらえなくなって野宿をすることになっても、七匹《ひき》に増《ふ》えてしまった犬たちの世話を二人で続《つづ》けました。片木《かたぎ》さんが犬たちの世話をするようすは、新聞にも取りあげられました（89ページの新聞記事には、塩野《しおの》さんが話してくれた内容《ないよう》とは、少しちがっている部分があります）。この塩野《しおの》さんと片木《かたぎ》さん、そして六匹《ぴき》の犬が新しい飼《か》い主《ぬし》に引きとられたあとに一匹《ぴき》だけ残った「メグ」ちゃんがいっしょにくらしているアパートに行って、いろいろな話を聞いてきました。

　わたしは、二十代のときに西成《にしなり》（釜ケ崎《かまがさき》のこと）で商売やってたの。古着の問屋《とんや》に車で行って、そこ

で車一台分の古着を買って、道で売って生活立ててたんや。そんときお父さん（夫《おっと》の片木《かたぎ》さん）と知りあった。それからそのあと、日本生命《にほんせいめい》の会社の中にある掃除部《そうじぶ》で、そこにわたし、社員証《しゃいんしょう》もらって働《はたら》いてたんよ。でも、会社で健康診断《けんこうしんだん》を受けたら、わたしはC型肝炎《シーがたかんえん》だってのがわかって、「やめてくれ」って言われて、そこをやめた。

わたしは四十代になって、この人（片木《かたぎ》さん）と再会して、いっしょにくらしはじめた。西成《にしなり》でこの人はトビ（工事現場《げんば》の高い場所で仕事をする職人《しょくにん》さん）の手元（助手）をしていた。なんとか二人で食べてたけど、二人でくらしはじめてから二十年たった、阪神大震災《はんしんだいしんさい》のあと、五月、六月ごろから仕事がなくなって、「家賃《やちん》はらわないから出て行ってくれ」って言われて、それで、いろんな宿に泊《と》まったりしていたけど、最後《さいご》にはその宿の宿泊代《しゅくはくだい》もはらえないようになって、わたしたちはホームレスに突入《とつにゅう》したわけや。

「もうどうしようもない。これからどうする?」って二人で話して。「いまの気温なら外でもだいじょうぶだ、かぜ引かないよ」ってお父さん（片木《かたぎ》さん）が言って。それで、人からめぐんでもらうのやだから、自分たちで働《はたら》こう、何かやったら食べていけるんじゃないかってことで働《はたら》いたのよ。

坂本《さかもと》さんと同じように、阪神大震災《はんしんだいしんさい》のあとで仕事が少なくなって、家を出ることになり、その後、塩野《しおの》さんと片木《かたぎ》さんも野宿をすることになったのです。二人も、アルミ缶《かん》やダンボールを集めて生活するようになります。

わたしは自転車乗れるけど、お父さんは足が不自由で自転車に乗れないから、わたしは自転車で、お父さんは歩いて缶《かん》拾いした。そらあ遠くまで、摂津《せっつ》から茨木《いばらぎ》、千里丘《せんりがおか》まで（注：自転車で片道《かたみち》三時間以上《いじょう》かかります）、ずーっと自転車で缶《かん》拾いしたよ。そりゃもう女六十代でよく力あったよ。一生懸命《いっしょうけんめい》缶を拾ってもせいぜい十キロだね。小さい自転車だからうしろにアルミ缶《かん》をのせるのが大変なのよ。お父さんは台車持ってるから、アルミ缶《かん》が集まったらその中に積《つ》んで、二人でその缶《かん》を売って生きてたの。

そのうちに、「缶《かん》だけじゃあかんからダンボールもやろうか」って話になって。それで、

「吉田《よしだ》」っていうリヤカー貸《か》してくれるところに行って、一日八〇〇円でリヤカーを借《か》りてダンボールを集めはじめた。そらあずーっと遠くまでダンボール取りに行ったよ。生野《いくの》（大《おお》阪市生野区《さかしいくのく》）に行ったら、商店街《しょうてんがい》の店の人が「みんなに話して、商店街《しょうてんがい》でダンボール出しといてやるから。リヤカー一杯《ぱい》ぐらいにはなるから毎日商店街《しょうてんがい》に取りにおいで」って言ってくれて。忘《わす》れもしない。

犬はね、まだ家のあるころ、雨の降《ふ》った日、商店街《しょうてんがい》に、びちょびちょにぬれた子犬がいたのよ。そんでお父さん、「こりゃかわいそうだなぁ。捨《す》てられた犬やで」って。それがマサミで、いま飼《か》ってるこの子、メグのお母さんや。お父さんは抱《だ》いて、きれーいにふいて洗《あら》ってね。そうすっと愛情《あいじょう》がわいて捨《す》てられなくなっちゃったよ。食べもんでも、自分たち食べるやつをいっしょにやって。マサミといっしょに三人で、リヤカー借《か》りてダンボールを集めてた。

そして、夜は「萩ノ茶屋駅《はぎのちゃやえき》」のホームのすぐ横の道のところに自分たちのハウスを作るわけよ。そこには一か月いた。そしたら、駅長さんが来て、「すまないけどねえ、出てってくんないかなあ。ここじゃね、まずいから」って言うのよ。「じゃわかりました」って言って、お父さんと、全部ふとんやなんかもみんなリヤカーにのせて、それからずっと、あっち行ったりこっち行ったり。

最初《さいしょ》は、「萩ノ茶屋駅《はぎのちゃやえき》」のある西成区《にしなりく》から、北の方へずっと歩いていって、四つおとなりの「淀川区《よどがわく》」の十三《じゅうそう》にある公園に行ったの。公園の中にダンボールしいてふとんで寝《ね》てたの。ガスレンジやなんかみんな持ってるから、それでごはん炊《た》いて。ここの公園も、一か月くらいいたかね。それで、おまわりさんが来て、「ここで寝《ね》られるとこまるんだけど、出てってくんないか」って言われて。

またリヤカーに荷物をのせて、歩いて、こんど淀川《よどがわ》に行ったわけよ。淀川《よどがわ》って言っても川か

らちょっとはなれた駐車場《ちゅうしゃじょう》の横のアスファルトのところ。人が通るけど、ふとんしいて寝《ね》てたの。そこにも一か月ぐらいいたかな？　そしたら、駐車場《ちゅうしゃじょう》にいる所長さんが、「川のそばのあいてるとこへ行ってくんないか」って言うから、「わかりました」って言って、リヤカー引いて、川のそばの、人の通らない土のところで家を作った。

　最初《さいしょ》に家を作ったとこは、場所は広いんだけど水がたまる。雨降《ふ》ったらどろ水たまるから、そりゃ二人で水バンバンバンバンかいてよお（笑《わらい》）。

坂本《さかもと》さんもそうでしたが、こういうふうに、近所の人から「ここから出ていってくれ」と言われて、寝《ね》ている場所を追いだされる人はとても多いです。追いだすより、くわしく話を聞いて、その人にとっていちばんいい方法をいっしょに考えればいいのに、といつも思います。

着るもんは、いっぱいあっちこっちに落ちてるんよ。洗《あら》ってきれいにしたら着られる。淀《よど》川《がわ》は広いから、人にじゃまにならずに干《ほ》すとこあるから。着るもんは、いつもきれいにしてた。

淀川《よどがわ》にいるでしょ？　マサミがメスだったから、どんどん増《ふ》えて、あっという間に犬が七匹《ひき》になっちゃったよ。避妊手術《ひにんしゅじゅつ》はお金がかかってできなかったから。お父さんは「おれたちのごはんを分けて、食べていかれる間は、ぜったいに捨《す》てない」って。

ところが、そのころにお父さん、肺炎起《はいえんお》こして半年入院《にゅういん》しちゃったんですよ。熱《ねつ》が四十度ぐらい出て下がんない。わたしよ、あのときほど神さまにいのったことない。救急車《きゅうきゅうしゃ》をよんだら来て、救急隊《きゅうきゅうたい》の人が「心配しなくたっていいよ、ちゃんとした病院につれてって、なんとか助けるから。おばあちゃん心配すんじゃないよ」って言って肩《かた》たたいてくれて。お父さんは二つとなりの区《く》の病院に送られたわけよ。そこに半年入院《にゅういん》した。

けど、退院《たいいん》して、お父さんがまた肺炎《はいえん》になったの。まだ、きれいに治《なお》ってなかったわけ。お父さん、「痛《いた》い、痛《いた》い」ってよ、もうすごく言葉で言えないぐらい苦しんで泣《な》くのよ。また熱《ねつ》は出るし、わたしどうしたらいいかわかんないで、「たのむから救急車《きゅうきゅうしゃ》回してくれ」って泣《な》きながら電話したら、「いまはあいてる救急車《きゅうきゅうしゃ》がないから回せない」って。淀川《よどがわ》の区役《くやく》所《しょ》が救急車《きゅうきゅうしゃ》を回してくんないわけよ。消防《しょうぼう》にかけてもことわられたから区役所《くやくしょ》に電話したのによ。

それで、わたしどうしようかと考えて、釜ケ崎《かまがさき》にある、いろんな相談に乗ってくれる団体のとこに行ったよ。「いっくらたのんでも救急車《きゅうきゅうしゃ》来てくんないんだ。病院も決まんないから」って言ったら、そこの人が「おれに任《まか》せろ」って。その人が区役所《くやくしょ》に電話した。その人がわたしの目の前で、「おまえの名前言え」「ホームレスをばかにすんのか」「死んだらおまえが殺《ころ》したといっしょなんだから」って。折《お》りかえし、五分もしないうち電話がかかってきて「病院が決まりました。救急車《きゅうきゅうしゃ》も回しますから」って。感謝《かんしゃ》しちゃったよ。

それからその人が「おばあちゃん、だいじょうぶだからすぐ帰れ」って。わたし帰ったよ、すぐ。駅に着いたらばーっと階段《かいだん》おりて、だーっと走っていってよ。そしたらちょうど救急車《きゅうきゅうしゃ》が来るとこやってん。そして、お父さんを乗せてくれたはいいけど、悪い救急車《きゅうきゅうしゃ》や。救急隊員《きゅうきゅうたいいん》が「きたない」とか「ノミいるから気をつけろ」とか「おまえは税金《ぜいきん》で救急車《きゅうきゅうしゃ》使って、コジキといっしょや」って。その人は鬼《おに》みたいな人だった。そんで前のときと同じ病院につれてってよ、わたしに「おりろおばあ！」って。わたしおりてよ。そこの病院に入《にゅう》院《いん》できた。

救急隊員《きゅうきゅうたいいん》の中には、残念《ざんねん》なことですが、野宿をしている人に対してこういうひどいことを言う人がときどきいます。苦しくて体が動かない人に、「乗るのか、乗らないのか！」と大声でどなりつけるのを見たこともあります。世の中には親切な人も、そうでない人もいるのです。

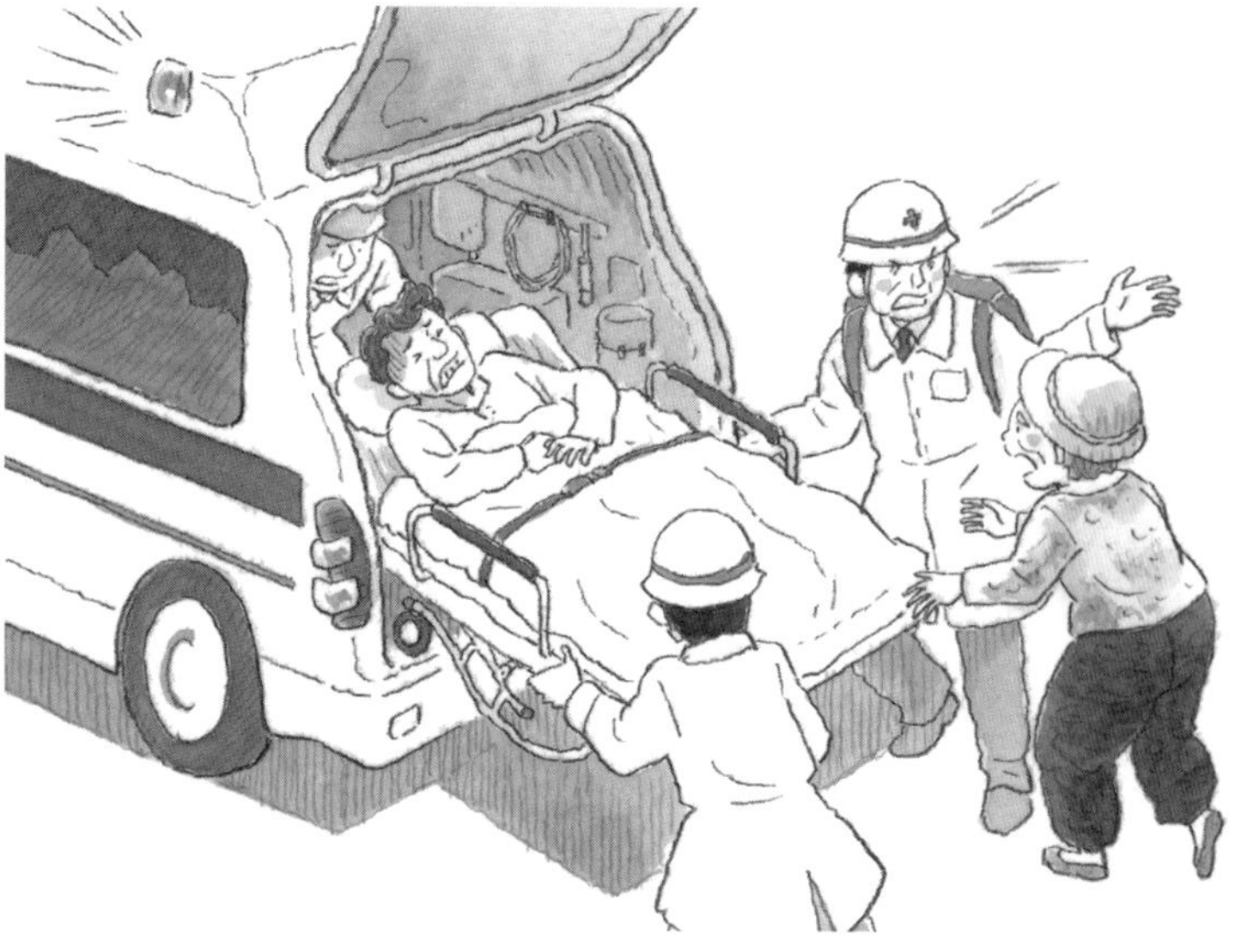

「さあこれから」って考えて、さいふ見たら、二一〇円だけ残《のこ》ってた。二一〇円でこれから先どうやって生きていこうかと思った。

あのね、人間ね、限界《げんかい》あるよ。六十五歳《さい》のおばさんがね、犬七匹《ひき》のめんどう見て、自分のごはん食べて。お父さんの病院のお見まいも、電車で往復《おうふく》七〇〇円かかんのよ。わたしはそんとき考えた。よし、わたしが働《はたら》いて、この犬たちだけは、お父さんが退《たい》院《いん》するまではぜったいに守っていこうって思った。

それで、朝も昼も夜もないわ。小さい自転車に乗っかって、淀川区《よどがわく》じゅうを走りまわったで。アルミ缶《かん》が五キロたまったらパッと売りに行って、すると五〇〇円いくらになるから、すぐ犬のえさ買って、犬にみんな食べさして。それで七八円があった

ら、わたしのごはん買えるのよ。スーパーに行くと、一〇〇円のごはんだったらこんぶが上に乗っかってるけど、七八円のは白ごはんだけや。だけど塩《しお》かければ食べれるじゃない。金ないときは、ごはんに塩《しお》かけて食べて。

塩野《しおの》さんは、一人で働《はたら》いて、犬たちを食べさせ、自分はごはんに塩《しお》をかけたりしてがんばりつづけました。

そして、とうとう最後《さいご》には生活保護《せいかつほご》を受けてアパートに入ることになりますが、最初《さいしょ》は相談に行っても、役所の人から追いかえされました。

わたし、もう限界《げんかい》だと思って、自分で役所に相談に行ったの。はじめは淀川区役所《よどがわくやくしょ》に行ったんだ。そんとき役所の人が「どこにいるんだ」って言うから、「淀川《よどがわ》の河川敷《かせんしき》の川のそばにいる」。「いくつだ」って言うから「いま六十五歳《さい》です」。そしたら、ぶっきらぼうに「まだ働《はたら》けんなあ」って言われて、もうそれっきり。
だけどお父さんが入院《にゅういん》して、自分の体がもう働《はたら》けなくなったから、お父さんが退院《たいいん》するときに、病院の院長室に相談に行った。そんで「お願《ねが》いしますよ」って言うた。そしたら「わかった」って区役所へ電話してくれたよ。院長が「今日退院《たいいん》した患者《かんじゃ》さんは、まだ働《はたら》けるような状態《じょうたい》じゃないから、だから塩野《しおの》さんといっしょに、なんとか生活保護《せいかつほご》でくらせるようにしてください」って。そんで、やっとわたしは区役所に行って、生活保護《せいかつほご》のとどけを出したんだ。

…………………………………………

こうして、二人はアパートでくらすようになりました。でもアパートで七匹《ひき》の犬は飼《か》えません。犬小屋を河川敷《かせんしき》に残《のこ》して、片木《かたぎ》さんはそこへ、毎日犬の世話のために通うようになりました。新聞には、そのころについて書かれた記事がのって

います。
春になって、「河川敷《かせんしき》の整備《せいび》をするから、犬小屋をどけてくれ」と、川を管理《かんり》する国土交《こくどこう》

泉

河川敷の6匹 誰か飼って

捨て犬との日々

愛犬と散歩する片木政夫さん（左）と塩野澄江さん（大阪市淀川区の淀川河川敷で）

午前5時17分。大阪市営地下鉄四つ橋線の始発電車に花園町駅（西成区）から乗り込む男性がいます。近くのアパートに住む片木政夫さん(61)です。行き先は6匹の愛犬が待つ淀川の河川敷。この4年、毎朝通って世話を続けています。

雨の日も、風の日も欠かしません。週末は河川敷の犬小屋近くに設けた段ボール小屋で野宿し、愛犬と過ごします。以前、若者に襲撃されたことがあったため警戒しているのです。

「この子らは家族や。ぼくしか頼る人がおらんのやから」。11年、一緒に過ごしてきたという1匹を抱え、目を細めます。

片木さんは両親を知りません。出生地や誕生日もわからないといいます。

終戦間もない1945年11月28日、福岡市・中洲の路上で拾われました。生後ほどなく捨てられたとみられ、その日を「誕生日」として児童養護施設で育ちました。重度の小児まひで両足が動かず、4歳のころに手術を受けています。

施設をよく訪れていた篤志家が名付け親だと聞かされました。「悪い道に流されず、堅気で地道に生きてほしい」と、「片木」と命名されたのです。

18歳で福岡を離れ、西成区へ。頼れる人は誰もいません。簡易宿泊所で寝泊まりし、日雇い労働者として働きました。小児まひの手術で両ひざにはボルトが残ったまま。踏ん張りが利かない体で工事現場を渡り歩き、日銭を稼ぎます。

「その日を生きていくだけで必死やった」

90年代に入り、バブル経済が崩壊して仕事が激減しました。1500円の宿泊料金が払えず、94年末から野宿生活へ。「もうどうなってもええわ」と、自暴自棄になったといいます。

そんなとき、寒さに震えながら野宿していた淀川区の公園で、1匹の捨て犬を見つけました。「ぼくみたいや」。雨にぬれて鳴く姿が自分と重なり、手を差し出すと、走ってきます。雌の雑種。マサミと名付けて飼い始めました。

奈良から兵庫まで、愛犬を連れて各地を転々とした末、淀川の河川敷に落ち着きました。空き缶や家電の廃品を集めて売り、何とか生をつなぐ日々を、マサミの愛くるしい表情が慰めてくれます。次々と子が生まれ、飼い犬はいつしか7匹になっていました。

2003年1月、野宿生活がたたり、片木さんは肺炎を患いました。緊急入院し、半年後に退院しましたが、どうも体調がすぐれません。古い知り合いで、入院中に犬の世話を頼んだ塩野澄江さん(73)と、共同生活することになったのですが、アパートで犬は飼えません。犬小屋を河川敷に残し、通いだしたのです。

今年1月、10歳を超えていたマサミが息を引き取りました。

春になって犬小屋も、国土交通省淀川河川事務所から撤去を求められます。河川敷整備が理由。8月末が期限です。

片木さんが動物愛護団体に相談したところ、「7匹もまとめて飼うのは、難しい。1匹、1匹、飼い主を探すしかない」と諭されました。簡単に受け入れられるわけもありませんが、期日は迫ります。

「別れはつらい。でもほかに方法がない」。自力で飼育場所を借りる余裕もなく、手放すと決め、2月に生まれた雑種リンリンが先日、引き取られました。

残る6匹の飼い主はまだ見つかりません。8日、河川事務所職員らと対応を話し合うそうです。「しばらく預かれる場所を用意してほしい。必ず引き取り先を探すから」と片木さん。

いつも持ち歩いているマサミの写真を見つめ、そう訴えています。

＊

今月のカットは赤羽恒男さんのキョウチクトウです。

当時の記事　読売《よみうり》新聞 2007年8月5日

通省《つうしょう》が言ってきました。片木《かたぎ》さんと塩野《しおの》さんは、前から犬のことを心配して、犬小屋をたずねてきてくれていた野上《のがみ》さんという人に相談しました。野上《のがみ》さんは、「大阪犬猫《おおさかいぬねこ》ネットワーク」という団体で、捨《す》て猫《ねこ》や捨《す》て犬のために飼《か》い主《ぬし》をさがしたり、避妊手術《ひにんしゅじゅつ》をしたりといった、動物のための活動をずっとしていました。塩野《しおの》さんと片木《かたぎ》さんは野上《のがみ》さんといっしょに、七匹《ひき》の犬たちに一匹《ぴき》一匹《ぴき》飼《か》い主《ぬし》をさがして引きとってもらうことにしました。

・・・・・・・・・・・・・・・・・・・・・・

野上《のがみ》さんは、犬のことでこまっていることはないか、相談に乗ってくれるために、ちょくちょくわたしんとこに来てた。その野上《のがみ》さんが里親さがしてくれたのね。一匹《ぴき》ずつもらい手をさがしてくれて。

だけど、新しい飼《か》い主《ぬし》が見つかってもらわれたとき、別《わか》れるときは、わたしはほんとに涙《なみだ》が出た。犬はね、別《わか》れるのわかってるから、そらあ悲しい顔してるよ。でも、野上《のがみ》さんの一言で救《すく》われた。「みんないいとこにもらわれて、幸せだから、安心して。塩野《しおの》さんは歳《とし》なんだから、あんまり犬のことを考えないで。あんたは自分のことを考えてちょうだい」って。

その一言でさ、わたし、ありがたいって思ってんの。

この人（片木《かたぎ》さん）はね、犬をわたすとき、なやんだと思う。そりゃあ一匹《ぴき》ずつの犬とのふれあいとか愛着《あいちゃく》は、わたしよりこの人あるから。

そして、二人で「メグだけ飼《か》おう」って。大家さんのところに行って「犬がいるんだけど」って言ってゆるしてもらって。だけど、メグは部屋の中ではワンもスンも言わない。うるさくしたら出てかなきゃなんないって、この子もわかってるんだね。頭いいんだわ。

メグも、この人いなかったらあかんのや。この人死んだらメグも死ぬわ。この人からじゃなきゃえさ食わないから。だけど、犬はそれで幸せなわけよ。


いま、塩野《しおの》さんと片木《かたぎ》さんは、メグといっしょにアパートでくらしています。二人とも、長い野宿生活の影響《えいきょう》もあって体の調子はよくないですが、いまもメグと助けあうようにしてくらしています。

こうして坂本《さかもと》さんや塩野《しおの》さんの話を読んで、みなさんはどう思ったでしょうか。「野宿をしている人たちは、一人一人いろいろな人生を生きているんだ」「大変なことがあったけど、必死《ひっし》に生きているんだ」と思ったでしょうか。そうだとしたら、坂本《さかもと》さんや塩野《しおの》さんは〝自分の苦労《くろう》をわかってもらえた〟とよろこんでくれると思います。

坂本《さかもと》さんにも協力《きょうりょく》してもらっていますが、学校で授業《じゅぎょう》をするとき、野宿をしている人に、ときどき来てもらいます。そのとき、とても印象《いんしょう》に残《のこ》ることがあります。授業《じゅぎょう》のあと、協力《きょうりょく》してくれた人たちの多くが、とても晴れ晴れとした顔をして「また来たい！」「またやりたい！」と言うことです。

教室に行って、子どもたちとやりとりすることは、ふだん野宿をしている人たちにとって、とても緊張《きんちょう》することです。けれども、「自分の経験《けいけん》を子どもたちに話すことが意味を持つ」「自分たちのことを話してわかってもらえる」と感じることは、その人たちにとって、とても力づけられる経験《けいけん》になっているようです。

もし、坂本《さかもと》さんと塩野《しおの》さんの話を読んで、みなさんの心に残《のこ》るものがあったら、お二人はやっぱり「話してみてよかった」「自分のことを話したことには意味があった」と思ってくれると思います。

6 野宿をするようになるのはその人が悪い？

いままで読んできたみなさんには、坂本《さかもと》さんや塩野《しおの》さんが、なぜ野宿をするようになったのか、どういう気持ちでくらしてきたのか、少しわかってもらえたと思います。

けれど、野宿をしたことのない多くの人たちは、こう言うことが多いのです。「まじめに生活していれば、ホームレスになんかなるはずがない。野宿をするようになったのは、その人の努力《どりょく》が足りなかったからだ」

坂本《さかもと》さんや塩野《しおの》さんの話を読んでくれたみなさんは、たぶん「その人の努力《どりょく》だけではどうにもならないことがある」「家の事情《じじょう》とか仕事のこととか、一人でがんばってもどうしようもない、とてもむずかしい問題がある」と思うでしょう。もちろん、野宿をするようになるときには、人によってちがういろいろな理由があって、みんな坂本《さかもと》さんや塩野《しおの》さんと同じではありません（たとえば夫《おっと》の暴力《ぼうりょく》や、けがや病気という原因《げんいん》の場合もあります）。

でも、「野宿をするようになったのは、その人に努力《どりょく》が足りなかったからだ」と言う人は、いろいろな原因《げんいん》をひとつだけにまとめて「本人が悪い」と言うのです。それを、むずかしい言葉で、よく「自己責任《じこせきにん》」とか「自業自得《じごうじとく》」などと言います。そして、ときには野宿をしている人自身も、「野宿をするようになったのは自分が悪かったからだ」と言うこともあります。

あるとき、高校での授業《じゅぎょう》で、こんなことがありました。野宿をしている人二人に来てもらっていろいろな話をしてもらいましたが、その一人が生徒《せいと》たちに「こうなったのは自業自《じごうじ》得《とく》や。みんな、おっちゃんみたいになっちゃあかん」と言ったのです。

次の週の授業《じゅぎょう》で、生徒《せいと》の一人が、「野宿をするようになるのは、やっぱり自業自得《じごうじとく》ではないかと思うんですが」と質問《しつもん》しました。みなさんは、どう思うでしょうか?

その授業《じゅぎょう》で、ぼくはこう答えました。

いすが三つあって、そのまわりに五人の人がいるとします。そして、音楽が続《つづ》いている間はいすのまわりを歩いて、音楽が止まるとパッとすわります。この場合、三人がすわって二人がいすを取れません。

このとき、Aさんがいすを取ったとします。Aさんは「わたしは人よりがんばった。だからいすが取れたんだ」と思うかもしれません。そして、Bさんがいすを取れなかったとすると、Bさんは「わたしの努力《どりょく》が足りなかったからいすが取れなかった。だから自分の責任《せきにん》だ」と思うかもしれません。

この場合、いすは「仕事」にあたります。いず仕事がなくなれば、収入《しゅうにゅう》がなくなって、いずれは家賃《やちん》がはらえなくなって、最後《さいご》には野宿をするようになります。たとえば坂本《さかもと》さんも、こうして野宿をするようになりました。これは、それほど金持ちではない多くの人にとって、そうなってもおかしくない話です。

こうして、どんどん「いす取りゲーム」をしていくとします。ここで、ゲームの参加者《さんかしゃ》みんながいまの一〇〇倍の努力《どりょく》をしたとしたらどうでしょう。その場合でも、いすの数は三つですから、もちろん三人しかいすにすわれません。では、全員がいまの一万倍、あるいは一〇〇万倍がんばって走りまわったとしたら？　それでも、だれかがいすを取れば、だれかがすわれないだけですから、当然《とうぜん》なんの変わりもありません。つまり、いすを取れるかどうかは「個人《こじん》の努力《どりょく》の問題」ではなくて、「いすの数」と「人間の数」の問題なのです。いすの数や人間の数は、もともとゲームをはじめるときに決まっているので、このような問題のことを、むずかしい言葉で「構造的《こうぞうてき》な問題」と言うことがあります。

昔とくらべると、仕事がない人の割合《わりあい》（「失業率《しつぎょうりつ》」と言います）が日本でどんどん増《ふ》えていきました。これは、「いす取りゲーム」でいうと、人の数にくらべて、いすの数が減《へ》ってきた状態《じょうたい》になります。いすの数がひとつ減《へ》れば、だれがどんなにがんばってもすわれない人が一人増《ふ》えます。こうして、いす（仕事）がなくなって、野宿をする人が増《ふ》えたのだと思います。決して、「努力《どりょく》の足りない人」や「野宿の好《す》きな人」が日本で急に増《ふ》えたからではありません。けれども、いすを取れなかった人が「取れなかったのは、自分の努力《どりょく》が足りなかったからだ」と考えてしまうように、野宿をするようになった人自身も「自分の努力《どりょく》が足りなかったからだ」とつい考えてしまうのです。

もちろん、この「いす取りゲーム」の話は、現実《げんじつ》の社会をとても簡単《かんたん》にして考えてみたものです。みなさんの中には「やっぱりちがう」と思う人もいるかもしれません。

ただ、「野宿をしているのは自業自得《じごうじとく》だ」と言う人は、野宿をしている人たちの話をよく聞いてほしいと思います。そして、本当にその人だけの問題だったのか、「いす取りゲーム」のような問題もあるのではないかと、一度考えてほしいと思います。

この「いす取りゲーム」の話のほかに、ぼくが授業《じゅぎょう》の中で必《かなら》ずする話があります。それは、野宿者への「襲撃《しゅうげき》」の話です。

坂本《さかもと》さんは、「ベンチで寝《ね》てたとき、突然《とつぜん》一発くらいけられた」「缶《かん》コーヒーの半分以上《いじょう》入ってるのを投げつけられた」と話していました。坂本《さかもと》さんは「そんなのは、野宿しとったらだれでも経験《けいけん》あるんじゃないかな、おそらく」と言っていましたが、たしかにこういう話は、夜回りをしていると、本当によく聞きます。

第三章で、「襲撃《しゅうげき》には、いろいろな原因《げんいん》がある」と書きました。「襲撃《しゅうげき》」がなぜあるのか、そして、なぜ子どもや若《わか》い人たちが野宿をしている人を襲《おそ》うのかについて、これから考えていくことにしましょう。

7 なぜ子どもたちが野宿者を襲《おそ》うのか

ぼくは、夜回りなどで、数えきれないぐらい「襲撃《しゅうげき》」の話を聞いてきました。なぐるける、エアガンで撃《う》つ、打ち上げ花火をダンボールハウスの中に撃《う》ちこむ、ダンボールハウスに火をつける、消火器《しょうかき》をブシューッと中がふきでる状態《じょうたい》にしてダンボールハウスの中に投げこむ……。こども夜回りでも、野宿をしている人から「エアガンで撃《う》たれた」「なぐられた、けられた」「ダンボールハウスに火をつけられた」という話を何度も聞きました。

野宿をしている人にとって、寝《ね》ているときに火をつけられたり、エアガンで撃《う》たれたりするのは、とてもおそろしいことです。襲撃《しゅうげき》された人に話を聞くと、みんな「一度襲《おそ》われると、二度と安心してねむることができない」と言います。ねむっているあいだに、いつなぐられるか火をつけられるか、全然《ぜんぜん》わからないからです。

ぼくが知っている人は、野宿をしていたら、突然《とつぜん》、目をナイフでグサッとさされたそうです。その人は、すぐに救急車《きゅうきゅうしゃ》で病院に運ばれて、何時間もかかる手術《しゅじゅつ》をしました。なんとか目のきずは治《なお》りましたが、結局《けっきょく》ほとんど目が見えなくなってしまいました。その人はぼくに「なんでこんなことをやられるのか、まったくおぼえがない」と言っていました。

これから紹介《しょうかい》するのは、ぼくが夜回りしている場所で起《お》こった、野宿をしている人にガソリンをかけて放火するという、とてもおそろしい事件《じけん》です。

二〇〇一年七月十九日の朝四時ごろのことです。大阪市《おおさかし》の日本橋《にっぽんばし》というところで、野宿をしながらアルミ缶《かん》を集めている前田《まえだ》さん（仮名《かめい》）という人がいました。前田《まえだ》さんは、アルミ缶《かん》集めの仕事につかれて歩道にダンボールをしいて寝《ね》ていたそうです。そして、気がついたら下半身がバーッと燃《も》えあがっていました。そのとき、「ヒャハハハ」という笑《わら》い声が聞こえたそうです。

びっくりして手で火を消そうとしましたが、なかなか消えません。体にガソリンをかけられて火をつけられたので、どうしても消えなかったのです。しばらく、のたうちまわっていましたが、思いついて、パンツとズボンをぬぎすてたそうです。そうしたら、ガソリンはほとんどが服にしみこんでいるので、体からは火が消えました。そして、まわりの人が救急車《きゅうきゅうしゃ》をよんでくれて、すぐに病院に運ばれました。お医者さんが見てみると、全身の十分の一が焼《や》ける大やけどだったそうです。

夜回りをしていたぼくたちは、「石を投げる」とか「エアガンで撃《う》つ」という襲撃《しゅうげき》の話はよく聞いていましたが、「寝《ね》ているところにガソリンをまいて火をつける」という事件《じけん》は聞いたことがなかったので、とてもおどろきました。しかも、まだ犯人《はんにん》がつかまっていません。また、同じ事件《じけん》を起《お》こすかもしれないのです。

そこで、次の土曜日の夜回りで、事件《じけん》についてのチラシを五百枚《まい》くらい作って、「犯人《はんにん》はまだつかまってないから、みんな気をつけよう!」という内容《ないよう》のことを書いて、野宿をしているみんなに配りました。でも、その八時間ぐらいあとの、日曜日の朝に、もっとひどい事件《じけん》

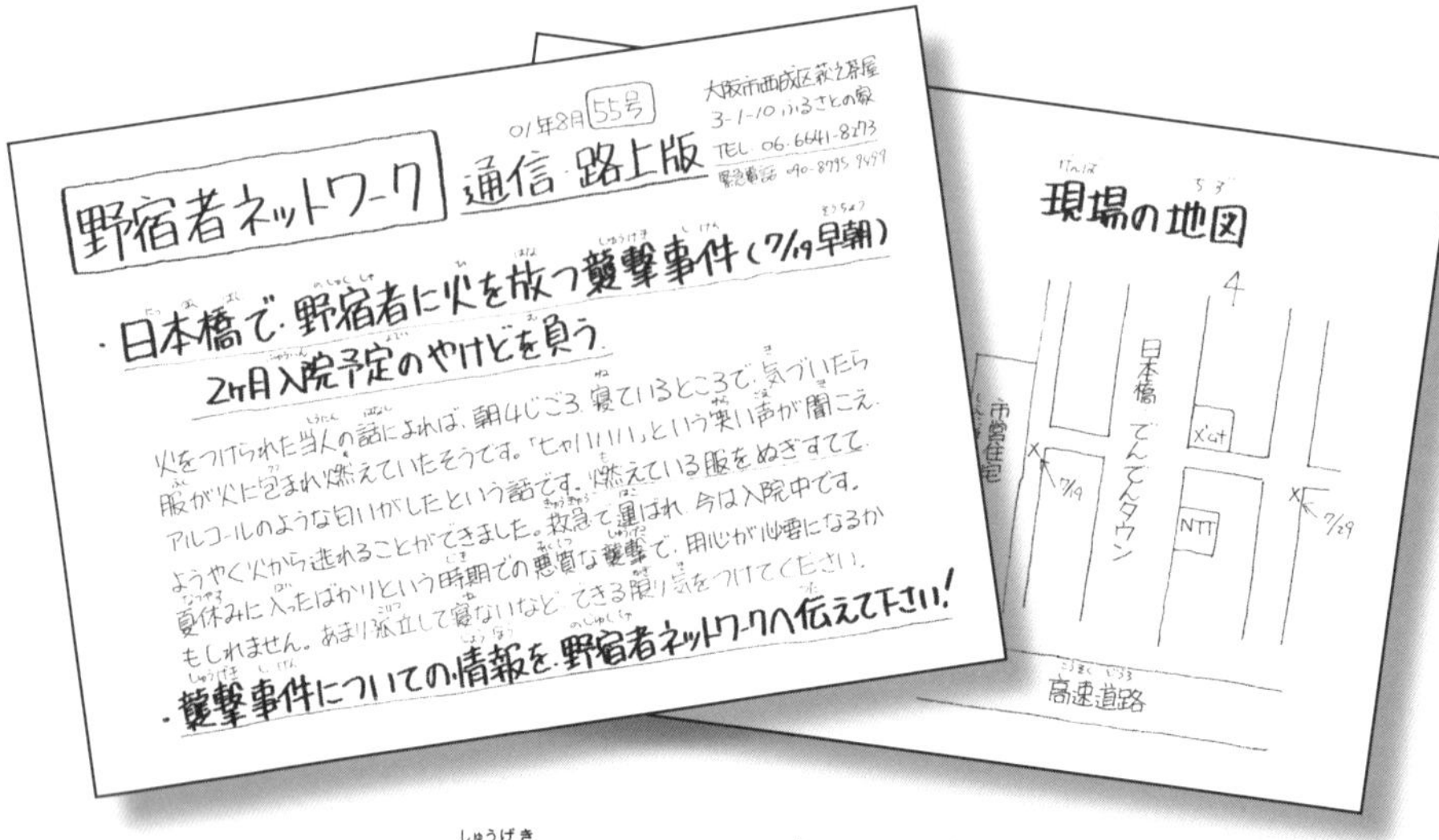

「襲撃《しゅうげき》」に注意をよびかけるチラシ

が起《お》こったのです。

七月二十九日の朝の六時くらいのことです。リヤカーの上で寝《ね》ていた古川《ふるかわ》さん（仮名《かめい》）が、全身にガソリンをかけられて火をつけられました。その場所で野宿をしていた人たちに話を聞くと、朝、「アア〜」というすごい声がしたので、びっくりして起《お》きて見ると、古川《ふるかわ》さんが全身火だるまになって走ってきたそうです。あわてて、みんなで水をかけたり、自分が使っているふとんで古川《ふるかわ》さんをくるんだりして火を消そうとしました。なんとか火が消えたので、救急車《きゅうきゅうしゃ》をよんで、古川《ふるかわ》さんは病院に運ばれていきました。

その事件《じけん》は、小さな新聞記事になりました。ぼくはそれを読んで事件《じけん》を知り、病院を調べて、事件《じけん》の二日後にお見まいに行きました。

もちろん、古川《ふるかわ》さんはまだ話ができる状態《じょうたい》ではありません。話はできなくても、ようすだけでもと、病室のまどから古川《ふるかわ》さんを見てみたら、ほんとに体中が焼《や》けていました。顔も胸《むね》も足も全部焼《や》けているのです。「襲撃《しゅうげき》をする子どもたちは、遊び半分にやってるんじゃないか？」と思う人も多いのですが、ぼくはそれを見て、「犯人《はんにん》（子どもかどうかはわかりませんが）は遊び半分じゃなくて、殺《ころ》すつもりでやっているんだ」と思いました。

みなさんも知っているかもしれませんが、人間は、体の皮膚《ひふ》の三分の一が焼《や》けると、ふつうは死にます。古川《ふるかわ》さんは、体の三十五%が焼《や》けて、命もあぶない状態《じょうたい》でした。けれどもその後、手術《しゅじゅつ》を何度もくりかえしてなんとか助かりました。

どういう手術《しゅじゅつ》かというと、みなさんも大やけどをしたら、同じ手術《しゅじゅつ》をするかもしれませんが、自分のおしりの皮膚《ひふ》をはがして、それをやけどをしたところにはっていくのです。おしりの皮膚《ひふ》は再生《さいせい》できるので、その手術《しゅじゅつ》を何回もくりかえすそうです。

ぼくたちは、ちょっとやけどしても、すごく痛《いた》いですよね。古川《ふるかわ》さんは体の三十五%も焼《や》けてるから、痛《いた》くて意識《いしき》を保《たも》っていられません。そこで、病院では、強い睡眠薬《すいみんやく》をずっと打っていました。ぼくは何度もお見まいに行きましたが、古川《ふるかわ》さんは、その薬の副作用《ふくさよう》と、事件《じけん》のショックのせいか、長い間何もしゃべることができませんでした。結局《けっきょく》、一年半かかって退院《たいいん》しましたが、やけどの後遺症《こういしょう》が残《のこ》って、退院《たいいん》したときは、障害《しょうがい》がいちばん重い「障害一級《しょうがい》」に認定《にんてい》されてしまいました。そして、この事件《じけん》の犯人《はんにん》はまだつかまっていません。

そのやけどのようすがあんまり痛々《いたいた》しかったので、古川《ふるかわ》さんの写真はとっていません。ですが、古川《ふるかわ》さんの事件《じけん》と同じ日本橋《にっぽんばし》で、ほかにも寝《ね》ているときに火をつけられた人がいます。その人は、ジャージが燃《も》えあがったので、びっくりしてすぐにぬぎすてましたが、体にかなりやけどをしました。これがそのジャージの写真です。当時、こういう事件《じけん》が、ぼくが夜回りをしている日本橋《にっぽんばし》ではよく起《お》こっていました。

そして、こういう襲撃事件《しゅうげきじけん》は、大阪《おおさか》だけではなくて、日本中で（そして世界中で）、くりかえし起《お》こっています。

二〇〇五年には、兵庫県姫路市《ひょうごけんひめじし》で中学生二、三人と高校生が、ビールのビンにガソリンをつめた「火炎《かえん》ビン」を作って、同じ姫路《ひめじ》

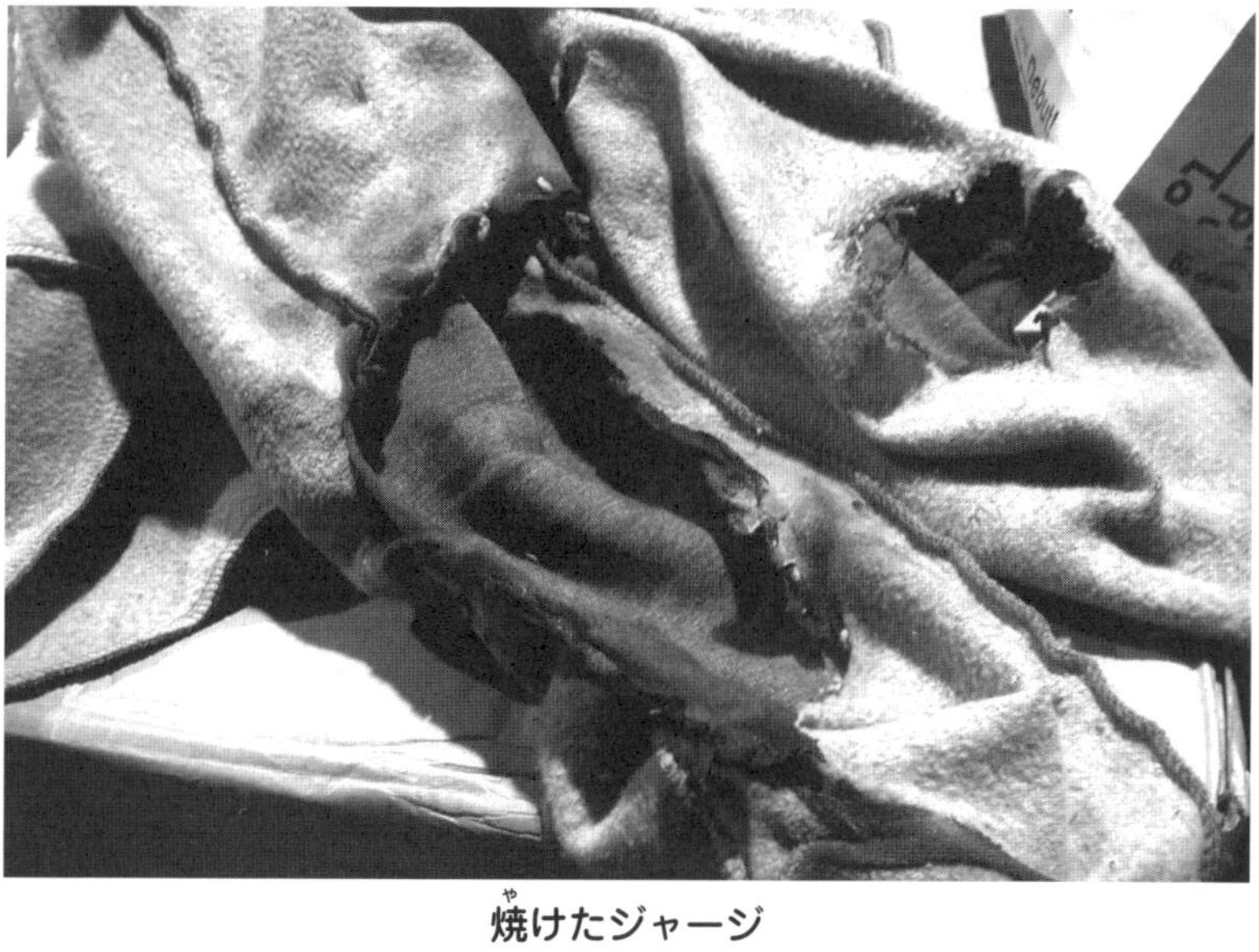

焼《や》けたジャージ

市《し》で野宿をしていた六十歳《さい》のおじさんに投げつけて焼《や》きころしました。襲《おそ》われたおじさんは、足に障害《しょうがい》があって逃《に》げられなかったようです。

事件《じけん》のリーダーだった高校生は優等生《ゆうとうせい》だったらしく、事件《じけん》のあと、卒業式《そつぎょうしき》で卒業生代表《そつぎょうせい》として答辞《とうじ》を読んでいました。その答辞《とうじ》は、「人間として思いやりの心を忘《わす》れず、凜《りん》とした姿《し》勢《せい》で生きていくことが大事だと思います」という内容《ないよう》だったそうです。そして、卒業式《そつぎょうしき》のあと、その高校生は逮捕《たいほ》されました。

二〇〇九年には、東京都江戸川区《とうきょうとえどがわく》で中学三年の男の子たちが、野宿をしていた六十五歳《さい》のおじさんの頭を鉄パイプでなぐり、脳挫傷《のうざしょう》などの重傷《じゅうしょう》を負わせました。少年たちは、おじさんにコンクリートのかたまりを投げて、「死ね」「生きている価値《かち》がない」と言いながら材木《ざいもく》をぶつけて、顔に消火器《しょうかき》をふきつけていたといいます。

このように野宿している人を襲《おそ》うのは、たいてい、十代の、小学生から高校生の男の子のグループです。一人で襲《おそ》うことは、ほとんどありません。そして、このような「襲撃《しゅうげき》」は夏休みや春休みに多く起《お》こります。

そして、多くの場合、襲撃《しゅうげき》をしに来る子どもたちと野宿をしている人との間に、ケンカやトラブルがあったわけではありません。野宿をしている人にとっては、いつ、どういう子どもが自分を襲《おそ》いに来るか、全然《ぜんぜん》わからないのです。

それでは、なぜ子どもたちは野宿者を襲《おそ》うのでしょうか?

それは、とてもむずかしい問題です。ただ、ぼくは、その原因《げんいん》は、大きく言うと二つあると思います。ひとつは「野宿者への偏見《へんけん》」、そしてもうひとつが「子どもたちの生きづらさ」です。

「偏見《へんけん》」というのはむずかしい言葉です。辞書《じしょ》には「片寄《かたよ》ったものの見方・考え方。公平を欠いている意見」(日本国語大辞典《だいじてん》)と書いてあります。その例《れい》をあげると、「障害《しょうがい》がある人はみんな、ほかの人にめいわくをかけている」「女の人は男の人より能力《のうりょく》がない」などです。

こういう考え方は正しくないし、とても一方的です。だから、そう言われた人は、とてもきずつきます。けれども、世の中にはこういう「片寄《かたよ》った見方」がなかなかなくなりません。それと同じように、「野宿をしている人はあぶない人だ」「何をするかわからないこまった人たちだ」と考える人が、大人にも子どもにもたくさんいます。

たとえばぼくは、小学校や中学校、高校で授業《じゅぎょう》をするとき、生徒《せいと》にアンケートをとることがあります。その中で「みなさんの家の人が、野宿者（ホームレス）について何か言っているのを聞いたことがありませんか」と聞くことがあります。そうすると、いろいろな答えが集まります。

たとえば、「わたしのお母さんは、駅の近くにいるホームレスの人にごはんをときどき食べさせてあげたり、相談に乗ったりすると言っています」と答える生徒《せいと》もいます。でも、いちばん多いのは、「野宿している人を指して、『あんなふうになりたくなかったら、もっと勉強しなさい』と言われた」という答えです。ほかにも、「わたしのお母さんは『ホームレスとは目を合わせてはいけません』と教えてくれました」というものがあります。「ぼくのお母さんは、『ホームレスから話しかけられても無視《むし》しなさい』と教えてくれました」というものもよくあります（なぜかお母さんが多いようです）。

これは、ひと言で言うと「ホームレスとかかわるな」ということです。おおぜいの大人が、子どもと野宿者が会うと「子どもがあぶない」と思っているようです。でも、じっさいには、野宿している人は子どもからよく襲《おそ》われていますが、ぎゃくに、野宿している人が子どもを襲《おそ》ったという話はほとんど聞いたことがありません。朝日新聞《あさひ》の二〇〇一年〜二〇一〇年の記事を調べてみても、「野宿をしている人が子どもから襲《おそ》われた」という事件は二十九件報道されていますが、「野宿をしている人が子どもを襲《おそ》った」という事件は三件（襲撃《しゅうげき》されて野宿者が反撃《はんげき》した事件や、加害者《かがいしゃ》の少年が「野宿者がなぐったから刺《さ》した」と証言《しょうげん》している、野宿者が死亡《しぼう》した事件もふくむ）です。それなのに、こうして「目をあわせるな」とか「無視《むし》しなさい」などと言われるのはなぜでしょうか？

これは決していい例《れい》ではないのですが、たとえば、親が子どもに「障害者《しょうがいしゃ》から話しかけられても無視《むし》しなさい」と教えたとしたら、どうでしょうか。それは、とんでもないことだと思います。あるいは、「障害《しょうがい》を持っている人と目を合わせてはいけません」と教えたとしたら、もちろん、それもまちがったことです。だから、ふつうは、大人はそういうことを言いません。けれども、仕事がなくなって住むところを失《うしな》った、野宿をしている人たちについては、こういうことが、よく言われています。

ぼくが授業《じゅぎょう》をしたあとで、中学二年生のある生徒《せいと》がこう書いていました。

「ホームレスの人について、家族のみんなは、かかわらない方がいいとか、しゃべっちゃだめ、とかいわれていたけど、今はすごくそのことがいやです。ホームレスの人だってなりたくてなったわけじゃないし、人をおそうことだってないのに、そう決めつけるのはおかしいと思いました。でも、妹は、ホームレスの方と、話をしたことが何度かあって、『普通《ふつう》の人だよ』と言っていました。妹はまだ小学二年生なので、そのことを親にいったら、母と姉は、ホームレスの人としゃべったらあかんやろとか、お金とられたらどうするん、といっていました。それについて私《わたし》は、大人が小学生の子どもからお金をとるわけがないし、ホームレスの人にそういう人がいるとは思えませんでした。親は、大阪市《おおさかし》とかに行って、ホームレスをみると、何でこんなとこにおるん、場所悪いやろとか、そこにおったら邪魔《じゃま》になるやんとかいっていました。その時私《わたし》はそれをよく思えませんでした」。

子どもは、小さいときから家族の人たちに、ホームレスの人と「かかわらない方がいい」「しゃべっちゃだめ」といったことを何度も言われると、「ホームレスの人たちはあぶないんだ」「じゃまで迷惑《めいわく》な人たちなんだ」と思ってしまうのかもしれません。そう信《しん》じてしまって、その中には「ホームレスを襲《おそ》うのは悪いことじゃないんだ」と思う子がいるのかもしれません。つまり、大人の「偏見《へんけん》」が子どもの襲撃《しゅうげき》をあとおししているのではないかと思います。

もちろん、坂本《さかもと》さんや塩野《しおの》さんの話を読んでくれたみなさんは、「野宿をしている人は、みんなあぶない人、こわい人」というのがかたよった見方であることがわかると思います。野宿している人たちの話を聞くということが、偏見《へんけん》をなくしていくために、とても重要《じゅうよう》なのです。

こうした「偏見《へんけん》」のほかに、子どもや若者《わかもの》が野宿している人たちを襲《おそ》う理由としてもうひとつ、子どもたちの「生きづらさ」の問題があると思います。生きている中でのつらさ、苦しさが、ほかの人に対する暴力《ぼうりょく》につながってしまうことがあるのです。

二〇〇二年に、埼玉県《さいたまけん》の中学生たち三人が、野宿をしている四十五歳《さい》のおじさんを鉄パイプや材木《ざいもく》、鉄板などでなぐり、ブロックべいに頭を打ちつけて殺《ころ》しました。その中学生三人はすぐにつかまりましたが、調べてみると、その三人は、意外なことに、この事件《じけん》以外《いがい》に暴《ぼう》力事件《りょくじけん》を起《お》こしたことはなく、友だちどうしでなぐりあったこともなかったということがわかりました。

リーダーの中学生はスポーツがよくできて、人権《じんけん》の標語《ひょうご》のコンテストで表彰《ひょうしょう》されたこともありました。裁判《さいばん》で、もう一人の中学生は「なぜやったのか。友だちの行動を止められなかったのか」と聞かれて、「いっしょにいてやらざるをえなかった。やらないと仲間はずれになる」と答えたそうです。

リーダーの中学生は、人権《じんけん》の標語《ひょうご》で表彰《ひょうしょう》されるほどなので「偏見《へんけん》を持つのはよくない」ということは知っていたと思います。もちろん「人をきずつけてはいけない」ということも知っていたでしょう。それでも、この少年たちは野宿をしている人に対してとてもひどい暴《ぼう》力《りょく》をふるって殺《ころ》してしまいました。それは、とてもふしぎなことです。

ぼくはそのことをずっと考えていたのですが、これについて、ぼくが授業《じゅぎょう》に行った中学生たちの感想文がいちばんのヒントになりました。これから紹介《しょうかい》する感想文のひとつめは、中学三年生が書いたものです。

「以前《いぜん》、友達《ともだち》と『バイバイ』って別《わか》れるとき、野宿者の人も『バイバイ』と言ってくれたことがありました。自分に向かってあいさつしてきたと思ったのか、そうでないのかは今もわかりませんが、『バイバイ』って心のこもったあいさつのできる人が、社会のゴミであるはずはないと思います。あの人の『バイバイ』はいまも忘《わす》れていません。
家も仕事もある人で自分の居場所《いばしょ》がないという人。そういう人が野宿者を襲《おそ》うんだと思います。ハウスがなくてもホームにいる人。ハウスがあってもホームがない人。比《くら》べるのは良くないことかもしれないけど、前者のほうが人間らしい人だと思いました。」

この生徒《せいと》は、自分の家があっても「自分の居場所《いばしょ》がない人」が野宿者を襲《おそ》うと言っています。それを「ハウスがあってもホームがない人」と言っています。

たとえば、野宿者は「ハウス」つまり「家」がない状態《じょうたい》です（ダンボールハウスやテントという家はありますが）。それでも、野宿している仲間《なかま》どうしで助けあったり、地域《ちいき》の人と仲《なか》よくして、あったかい居場所《いばしょ》を持っている人がときどきいます。ふつうの意味での「ハウス」はないけど、居場所《いばしょ》という「ホーム」がある、というのです。「アット・ホーム」という言葉がありますが、それは「居場所《いばしょ》がある」「人と信《しん》じあえてホッとできる」という意味だと思います。

ぎゃくに、野宿者を襲《おそ》う子どもたちは、住む家、つまり「ハウス」はあります。ですが、自分がだれかと信《しん》じあえたり、いざというときには助けあえたり、自分がここにいてもいいんだ、と安心できるような「居場所《いばしょ》」「ホーム」がない。だから「ハウス」があるけど「ホーム」がない子どもたちが野宿者を襲《おそ》う、とこの生徒《せいと》は言うのです。「レス」とは「〜がない」という意味です。つまり、この生徒《せいと》から見ると、野宿者を襲《おそ》う子どもたちこそ「ホーム」のない「ホームレス」だということです。「ホーム」のない子どもたちが、「ハウス」のない野宿者を襲《おそ》っている。これはとてもするどい意見だと思いました。

スポーツ万能《ばんのう》で人権《じんけん》の標語《ひょうご》でも表彰《ひょうしょう》されていた少年は、「ハウス」はあっても、自分を大事にできて、ほかの人を大事にできるような自分の「ホーム」がなかったのかもしれません。そしてもしかしたら、家でも学校でも、親や先生に気に入られるように努力《どりょく》して、「がんばって努力《どりょく》して人から評価《ひょうか》されなければ、自分が生きる価値《かち》はない」と感じていたのかもしれません。そういう少年たちの苦しさやさびしさが、「何も努力《どりょく》をしないで生きているホームレスはゆるせない」と思いこませ、野宿をしている人たちをきずつける暴力《ぼうりょく》につながったのかもしれないと思います。

そして、こういう子どもの「生きづらさ」という理由については、次のような感想文を書いてくれた中学二年生のことが印象《いんしょう》に残《のこ》っています。

「私《わたし》は、生田さんのはなしをきいて、ホームレスの人が、あんな、ひがいをうけて、けがした人や、死んじゃった人がいるとゆう事をきいて、ビックリしました！　なんで、こんな事がおこるのか、わかりません！　しごとをさがしたりとか、びょうきになって死んじゃう人がいっぱいいるという事がわかりました！　花火を打ち込《こ》んだり、なぐったり、けったりするのは、ひどい事だと思いました！

でも、私《わたし》も、ずっと、今、思います。その子たちと同じで、人をきずつけなければ、自分の生き場所がない！　とずっと思います！　親にも、自分の子とみとめてもらえず、学校でも、家でもずっと一人！　とても、つらい！　それで、人をきずつけてしまった事がたくさんあります！　今でもそうです！　でも今でも、自分がまるで、この世にひつようとされてない存在《そんざい》！　と今でも思う！　で、毎日、自分で自分を苦しめている！　でも、どうしようもできない！　で、〈じさつ〉しようと思った事もあった！」

この生徒《せいと》は、自分は野宿者を襲《おそ》ってはいないけれど、襲《おそ》う子たちの気持ちはわかる、その子たちも自分も「人をきずつけなければ、自分の生き場所がない」と言っています。

この生徒《せいと》は、「学校でも、家でもずっと一人！　とても、つらい！」と言っています。「自分がまるで、この世にひつようとされてない存在《そんざい》！　と今でも思う！」と。この生徒《せいと》のように、本当に孤独《こどく》でつらいとき、「人をきずつけなければ」生きていられなくなる状態《じょうたい》になってしまうのかもしれません。つらくてさびしくてしかたなくて、自分で自分のことをおさえられなくなったとき、そのつらさをほかの人をきずつける暴力《ぼうりょく》で少しでも解決《かいけつ》しようとするのかもしれません。

人をきずつけることでしか生きられないという「さびしさ」「つらさ」「自分で自分を苦しめている」ということ、それは「生き場所がない」「生きづらい」ことだと思います。

そして、「いっしょにいてやらざるをえなかった。やらないと仲間《なかま》はずれになる」と言った少年は、自分が正しいと思うことを言うと仲間《なかま》はずれにされる、本当のことを言えない、「おたがいに信《しん》じあえない」友だち関係しかなかったのだと思います。一人になってしまうくらいなら、友だちと「合わせて」襲撃《しゅうげき》をするほうがマシだ、と思ったのかもしれません。グループで「他人をきずつける」襲撃《しゅうげき》は、たぶん「いじめ」と似《に》ています。いじめのときも、「いじめなんかやめよう」と言うと仲間《なかま》はずれにされてしまうことがあるので、いじめがはじまっても、だれも止めることができず、いじめが続《つづ》いてしまうことがあります。それと同じように、野宿者を襲《おそ》うときも、たとえ「おかしい」と思っても、自分だけが反対すると、こんどはこちらが「仲間《なかま》はずれ」にされてしまうので、そこにいるだれも止められないのかもしれません。

野宿者への襲撃《しゅうげき》を止めるには、野宿者への偏見《へんけん》をなくしていくことがとても重要《じゅうよう》です。けれども、それと同時に、子どもや若者《わかもの》のこういう「生きづらさ」、信じあえる人がいないという「ホーム」「居場所《いばしょ》」のなさの問題《もんだい》を解決《かいけつ》していかなければいけないのではないかと思います。

「襲撃《しゅうげき》」は、子どもと野宿者のいちばん「不幸な出会い」なのかもしれません。そのために、こういう事件《じけん》があると、子どもと野宿者が〝出会う〟ことが悪いのだ、と考える人たちが「子どもを夜に出歩かせるな」「ホームレスはシェルターに入れてしまえ」と言うこともあります。たしかに、そうやって子どもと野宿者を分けてしまえば、事件《じけん》は起《お》こりません。

けれども、それで問題が本当に解決《かいけつ》したことになるのでしょうか。

襲撃《しゅうげき》が子どもと野宿者との「最悪《さいあく》の出会い」だとすれば、子どもと野宿者を〝出会わせないようにして〟解決《かいけつ》するのではなくて、おたがいがおたがいを理解《りかい》しあえる〝「すばらしい出会い」をつくる〟ことで解決《かいけつ》していくほうがいいのではないかと思います。「こども夜回り」も、学校での「野宿問題の授業《じゅぎょう》」も、そういう「野宿者と子どもの出会い」のひとつだと思います。

襲撃《しゅうげき》はとてもむずかしい問題です。これからも、みなさんと、野宿の人たちとの出会いを通じて、どのような解決《かいけつ》の方法があるかということをずっと考えていきたいと思います。

8 みなさんに何ができるか

ここまで読んできたみなさんは、「野宿をしている人たちのことが少しわかった」と感じたと思います。でも、「その人たちのために、自分たちに何ができるんだろう?」と思った人もいるかもしれません。

ぼくの授業《じゅぎょう》のあとの中学生の感想文を読むと、そのいくつかに、「何か自分たちにできることをしていきたいです!!」「わたしにできることがあるならぜひやりたいです。野宿者の力になれればいいなと思います」「野宿者のためにわたしは何かできるだろうかと思いました」と書かれたものがありました。

みなさんに、何ができるのでしょうか?

「夜回り」や「炊《た》きだし」といった、野宿をしている人たちを直接《ちょくせつ》支《ささ》える活動に参加《さんか》することが、そのひとつの方法です。「炊《た》きだし」とは、写真にあるように、みんなで食材《しょくざい》を集めて、野宿をしていて食べるものがない人のために料理して、食事を提供《ていきょう》する活動です。全国

炊《た》きだしのようす

各地《かくち》で夜回りや炊《た》きだしが行われていて、大人といっしょに子どもも参加《さんか》しています。できたら、ぜひ、夜回りや炊《た》きだしに行ってみましょう。

ぼくが中学校や高校に授業《じゅぎょう》に行くと、たいてい、何人かの生徒《せいと》が「わたしも夜回りに行きたい」と言ってくれます。そして、学校の先生といっしょに、ぼくたちが活動している「野宿者ネットワーク」の夜回りや、「山王《さんのう》こどもセンター」や「こどもの里《さと》」の夜回りに来てくれています。

一方で、「わたしに何ができるのかがわかりません」という人も多いです。たしかに、みなさんの中には、夜回りや炊《た》きだしに行きたくても遠くて行けない、または家の人が「行ってもいいよ」と言ってくれない、という人もいるかもしれません。そういうとき、何ができるでしょうか。

野宿をしている人たちを、直接支《ちょくせつささ》える活動のほかにも、たとえば、毛布《もうふ》やカイロ、服などを送ったり、募金《ぼきん》をしたりすることもできます。真冬の夜にも毛布《もうふ》一枚《まい》で野宿をしている人が何人もいるので、凍死《とうし》しないように、毛布《もうふ》やカイロを夜回りなどでわたしているのです。寝袋《ねぶくろ》「野宿者ネットワーク」などでは、冬の間、お金を集めて「寝袋《ねぶくろ》」を買っています。寝袋は、一個《こ》で五〇〇〇円ぐらいしますが、募金《ぼきん》は一〇〇円、五〇〇〇円でもかまいません。募金《ぼきん》する人が十人、二十人と集まれば、募金《ぼきん》してもらったお金を合わせて寝袋《ねぶくろ》を買うことができます。学校全体によびかけて、毛布《もうふ》や募金《ぼきん》を集めて送ってくれたクラスもありました。

そして、全国十四県《けん》の約《やく》百五十か所で、野宿をしている人が道で販売《はんばい》している「ビッグイシュー」という雑誌《ざっし》があります。ビッグイシューは一冊《さつ》三〇〇円で、一冊《さつ》売れると、そのうちの一六〇円が野宿者の収入《しゅうにゅう》になります。一冊《さつ》でも売れれば、それだけ生活が助かります。ビッグイシューを売っている人を見かけたら、買ってみて、できたら販売《はんばい》している人と話してみてください。

ビッグイシュー

また、この本で知ったことを、家の人や友だちに話してみることも、できることのひとつです。

ぼくの授業《じゅぎょう》のあと、高校一年生が感想文に、こう書いていました。

「はじめはホームレスの人たちのことを勉強しても意味があるのかなあ？　とか思っていたけど、勉強するにつれて、いろんなことがわかってきて、今まで持っていたホームレスのいんしょうとぜんぜんちがうかった。前は、しょうじきゆって、ホームレスの人にたいして、いいイメージとかなくて、汚《きたな》いとか怖《こわ》いとかゆーイメージがあったけど、じっさいにしゃべったりしてみて、いい人だなあとか思いました。

家に帰って親とかとホームレスのこととかを話し合ったりして、しんけんに親ともめたことかありました。親もこうゆう話がいっしょにできるようになってうれしいとゆってました。やっぱり親も授業《じゅぎょう》にはいる前の私《わたし》と同じようないけんでした。でも、ちゃんと説明《せつめい》とかして親もわかってくれるようになって、とてもうれしかった。」

この生徒《せいと》も、最初《さいしょ》は野宿している人に関心がなかったのですが、授業《じゅぎょう》で勉強したり、学校に来た野宿している人たちとじっさいに話をすることで、考え方が変わっていったのです。その考え方を家の人に話すことで、家族も「自分の考え方がちがっていたのではないか」と考えるようになったのです。

みなさんも、この本を読んで、知ったこと、感じたこと、思ったことを家の人や先生に話して、「自分たちに何ができるか」をいっしょに考えてみるといいなと思います。

ほかにも、こんな感想がありました。

「野宿をしてる人たちは自分とはどこかちがう人なんだと事情《じじょう》も知らないのに勝手にそう思《おも》い込《こ》んでいた。その思《おも》い込《こ》みを正せてよかったです」「ホームレス（野宿者）のことなんて私《わたし》には関係ないという意識《いしき》でみてましたが、そんなことはないんだと気づかされました」

たしかに多くの人は、「ホームレスはわたしたちとはどこかちがう人間なんだ」「関係ない人たちだから放っておいていいんだ」と思っているようです。ぼくも、最初《さいしょ》はそう思っていました。けれども、じっさいに野宿をしている人と話をしてみると、むしろ不器用《ぶきよう》なほどまじめな人たちが多いと気づきました。そして、そういう偏見《へんけん》をいつのまにか持っていた自分は、それだけでも野宿者と無関係《むかんけい》ではない、と思いました。

「自分が、いつのまにか『偏見《へんけん》』を持っていたのだとすれば、それはなぜなのだろう」「お金がなくて、外で寝《ね》ないといけない人がたくさんいるのはなぜだろう」「そういう人を襲撃《しゅうげき》する人がいるのはなぜだろう」「その人たちのために自分に何ができるんだろう」。そのことを、みなさんも一度考えてみてください。みなさんがそれを心にとめつづけていれば、それはきっと、野宿の問題を解決《かいけつ》するための力になっていくと思います。

最後《さいご》に、第四章で、おいたちや野宿の生活について話してくれた、坂本《さかもと》さんの書いた文章を、みなさんに紹介《しょうかい》します。ぼくたちが企画《きかく》した大人向けの集まりに、坂本《さかもと》さんに来て話をしてもらったことがあります。そのあと、坂本《さかもと》さんはセミナーの参加者《さんかしゃ》に手紙を書いてくれました。その手紙の最後《さいご》のところを少し引用します。

私《わたし》は、子供《こども》の頃《ころ》から、ずっと大人を信頼《しんらい》できませんでした。人間という動物自体が嫌《きら》いで、いつも人を避《さ》けるようにして生きてきたように思います。

野宿生活をするようになって初《はじ》めの頃《ころ》、雨の夜に人家から離《はな》れた高架下《こうかした》でひとりぽつんと寝《ね》ていた時の事です。誰《だれ》かに足で小突《こづ》かれ目が覚《さ》めました。そしてその人はこう言いました。「町内会の見回りの者やけど、住民《じゅうみん》が不安がるからよそに行ってくれ」。私《わたし》は、「雨が降《ふ》っているので、ここぐらいしか寝場所《ねばしょ》が無《な》いんです」。「そんなん、知ったことやないわ、一時間後にまだおったら警察呼《けいさつよ》ぶからな」。私《わたし》は、すごく悲しい気分になって、また一段《いちだん》と人間が嫌《きら》いになりました。

公園のベンチで寝《ね》ていた時には、早朝に警察官《けいさつかん》がやってきて「ここは、人が寝《ね》る所や無《な》いから出て行きなさい」。その頃私《ころわたし》はキャリーカーでひたすら歩いてアルミ缶《かん》を集めていたのですが、その日は前日からずっと体調が悪くて、アルミ缶《かん》も集められずにいたんです。

それから何日かの間私《わたし》は、絶望的《ぜつぼうてき》な気分で町をさまよっていました。そんな時私《わたし》は、いつも小学校の教師《きょうし》と児童のテレビドラマ「みにくいアヒルの子」のエンディングに流れていた松山千春《まつやまちはる》の「君を忘《わす》れない」を口ずさみながら泣《な》いていたんです。

それからは、野宿者支援《しえん》の方々に、毛布《もうふ》を届《とど》けて頂《いただ》いたり。温かいスープを届《とど》けてもらったり。テントの設営《せつえい》の支援《しえん》をして頂《いただ》いたり。私《わたし》が今も生きているのは、多くの支援活動《しえんかつどう》の皆様《みなさま》のおかげです。私《わたし》は最近《さいきん》、ほんの少しだけ人を信頼《しんらい》できるようになったのかなと感じ始《はじ》めています。

今年も、「こどもの里《さと》」と「山王《さんのう》こどもセンター」のこども夜回りが行われています。夜おそく、「こんばんは、こども夜回りです。体の具合はどうですか」と、子どもたちが野宿している人たちに声をかけています。

みなさんの住んでいる街《まち》の近くでも、野宿をしている人がいるかもしれません。そして、その人はだれかが声をかけてくれるのを、寒さや食べるものがないつらさにたえながら待っているのかもしれません。みなさんも、まわりの大人の人たちや子どもたちといっしょに、生活が苦しくてこまっている人たちに声をかけてみましょう。野宿をしている人たちや、野宿をしていなくても生活が苦しいという人に、そして「ハウス」はあっても「ホーム」、居《い》場所《ばしょ》がなくてひとりぼっちでいる人たちに声をかけて話をしてみましょう。それは、世の中の人がおたがいに助けあえる、坂本《さかもと》さんが書いていた「人を信頼《しんらい》できる」世の中にしていく第一歩になると思います。

坂本《さかもと》さんも塩野《しおの》さんも、こども夜回りをしている子どもたちも、夜回りをしている大人のぼくたちも、そのことをみんな願《ねが》っているのです。

あとがき

この本を書いている間にも、ホームレスの人たちにかかわる事件《じけん》がたくさん起《お》こりました。

二〇一二年の二月には、東京駅《とうきょうえき》の近くで寝《ね》ていた六十代の女の人が、スカートに火をつけられて、下半身や手をやけどして意識《いしき》不明《ふめい》の重体になる大けがを負いました。その女の人は「膝《ひざ》をかかえて寝《ね》ていたら、突然《とつぜん》服が燃《も》えあがった」と話しました。その後、十八歳《さい》の若者《わかもの》が、この犯人《はんにん》として逮捕《たいほ》されました。その少年は、「火がついて、あわてる姿《すがた》を見るのが楽しかった」と話したそうです。

そして、ぼくのいる釜ケ崎《かまがさき》では、二〇一二年の一月初《はじ》めの夜回りのとき、道で亡《な》くなっている人が見つかりました。その人は前の日にも同じガード下で寝《ね》ていました。それからの一日の間に凍死《とうし》してしまったようです。毎日、その場所を夜回りしていたのに、その人を助けられなかったことを、ぼくたちはとても残念《ざんねん》に思いました。

多くの人たちが、こども夜回りや炊《た》きだしなど、野宿をしている人たちを支《ささ》える活動を続《つづ》けていきます。けれども、こうして、路上で亡《な》くなったり襲《おそ》われたりする人が絶《た》えない状態《じょうたい》が、ずっと続《つづ》いていています。

このような悲しいできごとをなくすために必要《ひつよう》なことのひとつは、やはり、野宿をしている人たちと出会って、その人たちを理解していくことです。

そのためには、夜回りに参加《さんか》したり、学校で野宿の問題を伝《つた》えたりすることが重要《じゅうよう》だと思います。けれども、学校での「野宿問題の授業《じゅぎょう》」はまだあまり多くはありません。残念《ざんねん》なことですが、学校の先生たちも、野宿をしている人たちのことを誤解《ごかい》していたり、「ホームレスのことを子どもたちに教える必要《ひつよう》はない」と思っていることが多いのかもしれません。

ですが、子どもたちは、大人が思っている以上《いじょう》に、野宿をしている人たちを見かけていて、「どんなふうにくらしているんだろう」「どんな場所で寝《ね》ているんだろう」と興味《きょうみ》を持っていることが多いのです。そして、いまは出会う機会《きかい》がなくても、やがて大きな街《まち》に住むようになると、野宿をしている人たちと会う機会《きかい》は増《ふ》えていくでしょう。そのとき、その出会いが「襲撃《しゅうげき》」のような不幸な出会いにならないためにも、学校での授業《じゅぎょう》や、夜回りに参加《さんか》して、野宿をしている人たちのことを理解していくことには、大きな意味があると思います。

みなさん、もし来られるなら、「こどもの里《さと》」や「山王《さんのう》こどもセンター」の「こども夜回り」、そしてぼくたちの「野宿者ネットワーク」の夜回りに来てください。「こども夜回り」は釜ケ崎《かまがさき》にしかありませんが、いま全国で、野宿をしている人たちをたずねる「夜回り」が行われています。そして、ぜひ学校で「野宿問題の授業《じゅぎょう》」をしてください。よんでもらえれば、ぼくは、どこの学校へも行っています。

ぼくの授業《じゅぎょう》では、話だけでなく、ビデオなどの映像《えいぞう》もよく使います。映像《えいぞう》を見てもらえると、野宿生活のようすや、夜回りのようすが、さらによくわかってもらえるからです。ぼくは「ホームレス問題の授業《じゅぎょう》づくり全国ネット」という団体にいますが、この団体でDVD《ディーブイディー》『「ホームレス」と出会う子どもたち』を作りました。このDVD《ディーブイディー》には、「こども夜回り」のようす、ぼくが夜回りしている日本橋《にっぽんばし》で野宿をしている人の、一日のようすなどが写っています。こども夜回りの映像《えいぞう》の中では、この本の第一章で紹介《しょうかい》した、あかねちゃんやりゅうくんや荘保共子《しょうほともこ》さん、「山王《さんのう》こどもセンター」の子どもたちが出てきます。家や学校で、このDVD《ディーブイディー》を見てもらえると、この本の内容《ないよう》がもっとよくわかると思います。

この本を読んで、みなさんはどんなことを感じたでしょうか？　できたら、感じたことや考えたことなどを、この本に出てきた「こどもの里《さと》」の子どもたち、そして坂本《さかもと》さんや塩野《しおの》さんにお手紙にして書いてください。「あかね書房《しょぼう》」にあてて送ってもらえれば、お手紙を、ぼくから坂本《さかもと》さんたちにとどけることができます。

この本を読んだみなさんが「野宿をしている人たちへの印象《いんしょう》が変わった」「野宿をしている『ホームレス』の人たちのことが少しわかった」と思ってくれたとしたら、とてもうれしいです。

DVD

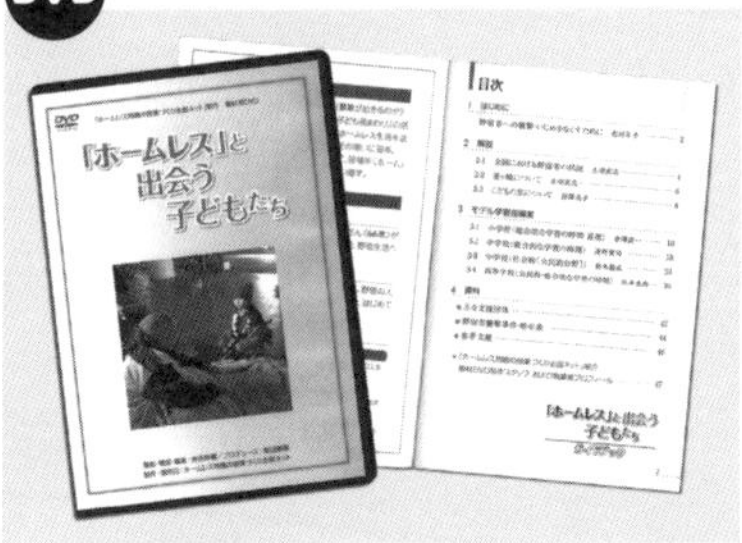

「『ホームレス』と出会う子どもたち」

本編《ほんぺん》30分＋応用編《おうようへん》45分。
「小中学・高校用モデル学習指導案《しどうあん》」や
資料《しりょう》などをおさめた52ページのガイドブックつき。

2009年11月発売。定価《ていか》2,800円（消費税込《しょうひぜいこ》み）。ライブラリー価格《かかく》（図書館や公共施設《こうきょうしせつ》など、大勢《おおぜい》で使用する場合の価格《かかく》）12,000円（消費税込《しょうひぜいこ》み）。

ホームページ：http://class-homeless.sakura.ne.jp/

著：生田武志（いくた たけし）

1964 年、千葉県に生まれる。同志社大学卒業。大学在学中から大阪「釜ヶ崎」の日雇い労働者・野宿者の支援活動を始める。2000 年、群像新人文学賞評論部門優秀賞受賞。2001 年から全国の小中学校・高校で「野宿問題の授業」を行っている。
夜回り活動や交流会で野宿者を支援する団体「野宿者ネットワーク」代表。社団法人「ホームレス問題の授業づくり全国ネット」代表理事。
著書に『貧困を考えよう』（岩波書店）、『ルポ最底辺――不安定就労と野宿』（筑摩書房）、『〈野宿者襲撃〉論』（人文書院）がある。

絵：下平けーすけ（しもひら けーすけ）

1975 年、茨城県に生まれる。児童書を中心に、イラストや挿画の作品を手がける。主な作品に『オトタケ先生の 3 つの授業』（講談社）、『とくべつなお気に入り』（岩崎書店）、「ふしぎメッセンジャー Q」シリーズ（ポプラ社）などがある。

写真：森田剛史（表紙中央・右、P1、2、3、13、27）、
生田武志（表紙左 2 点、P2、3、22、34、42、105、120）、中野佳代子（P49）

協力：朝日新聞社、読売新聞社、日本経済新聞社、有限会社ビッグイシュー日本、鴨田ミカ
有限会社シーモア

装丁：白水あかね

おっちゃん、なんで外で寝なあかんの？　こども夜回りと「ホームレス」の人たち

2012 年 4 月 25 日　初版発行

著　者　生田武志
画　家　下平けーすけ
発行者　岡本雅晴
発行所　株式会社あかね書房
〒 101-0065　東京都千代田区西神田 3-2-1
電　話　03-3263-0641（営業）　03-3263-0644（編集）
印刷所　株式会社精興社
製本所　株式会社難波製本

NDC916　P131　21cm
ISBN978-4-251-04274-3

http://www.akaneshobo.co.jp